CHARLES
LE TÉMÉRAIRE,

ou

LE SIÉGE DE NANCY,

Drame Héroïque.

CHARLES
LE TÉMÉRAIRE,

OU

LE SIÉGE DE NANCY,

Drame Héroïque.

CHARLES
LE TÉMÉRAIRE,

OU

LE SIÉGE DE NANCY,

DRAME HÉROÏQUE EN TROIS ACTES ET EN PROSE,

Dédié à la Ville de Nancy,

PAR R. C. GUILBERT DE PIXERÉCOURT;

Et représenté pour la première fois, à Paris, le 26 Octobre 1814.

S'il est beau de louer des vertus étrangères,
Il est doux de chanter la gloire de ses pères.

PARIS,

BARBA, Libraire, Palais-Royal, derrière le Théâtre Français, N°. 51.

De l'Imprimerie de HOCQUET, rue du Faubourg Montmartre, n°. 4.

1814

AUX
HABITANS DE NANCY.

~~~~~~~~~~~~~~~~

C'est à Vous, descendans des braves Citoyens de Nancy, qu'appartient la Dédicace de cet Ouvrage. Je l'ai composé dans l'intention d'offrir à l'admiration publique l'un des traits les plus glorieux de l'histoire moderne, et j'ai réussi au-delà de mes espérances. Sans doute le grand succès qu'il a obtenu et la prodigieuse affluence qu'il attire sont dus à la beauté du sujet, plutôt qu'au faible talent avec lequel j'ai retracé le sublime dévouement de nos ancêtres; et, d'après cette intime persuasion, c'est encore à Vous que je fais hommage du succès. Tous mes vœux seront remplis si votre suffrage le confirme et si vous pensez que je n'ai point affaibli les sentimens d'amour et de fidélité dont les Habitans de Nancy ont donné, dans tous les tems, des preuves à leurs Souverains.

NOTE HISTORIQUE
ET PRÉFACE.

LA mort du Duc de Bourgogne, tué devant Nancy, est sans contredit, l'un des événemens les plus mémorables et les plus importans de notre histoire. Cette journée changea les destins de l'Europe et surtout de la France, dont le trône allait être ravi peut-être pour toujours à la dynastie régnante (*). Elle mit fin à la prodigieuse grandeur de la Maison de Bourgogne qui, pendant plus de cent-quarante ans, était montée à un degré de puissance si extraordinaire, qu'elle s'était rendue redoutable à toute la Chrétienté. L'ouvrage de plus d'un siècle fut détruit en moins de six heures, et la témérité d'un seul homme renversa le pompeux édifice que tant de sages avaient pris la peine d'élever.

Charles surnommé *le Hardi*, *le Téméraire*, *le Terrible*, était, par sa naissance, ses dignités et ses possessions, le premier des Ducs de l'Europe. C'était le plus puissant des Princes qui n'étaient pas Rois, et peu de Rois étaient aussi puissans que lui. Vassal de l'Empereur et du Roi de France, il les fit trembler plus d'une fois. Sa politique astucieuse mit souvent en défaut celle de Louis XI. Maître du cours du Rhin depuis son embouchure jusqu'à Cologne, maître du Nord de la France depuis le Zuyderzée jusqu'aux

---

(*) On jugera de l'intérêt que Louis XI prenait à ces événemens quand on saura que c'est à eux que nous devons l'établissement des postes. Dans l'impatience où était ce monarque d'apprendre le dénouement de cette grande querelle, il établit des relais depuis Nancy jusqu'à Tours, où il faisait alors sa résidence, afin d'être instruit régulièrement chaque jour du mouvement des armées. Quand on lui annonça la mort du Duc de Bourgogne, il fit vœu de donner une balustrade en argent à l'église de St-Martin, si cette nouvelle se confirmait. Le vœu fut accompli.

bords de la **Somme**, fier de la ligue qu'il avait formée avec l'Anglais et le Breton, il avait conçu le projet de se créer un immense royaume qui aurait eu pour limites d'un côté la mer d'Allemagne, et de l'autre la Méditerranée, en ajoutant la Lorraine, la Suisse et la Provence aux deux Bourgognes et au Comté de Férette, en Alsace, dont il était déjà possesseur. A la tête de 30,000 hommes, il fond sur la Lorraine et vient mettre le siège devant Nancy, le 22 Octobre 1476. Repoussé dans quatre assauts, il veut réduire cette ville par la famine. Pendant soixante-quinze jours, les assiégés soutiennent avec une constance héroïque les horreurs de la guerre. Enfin leur souverain, le jeune Réné, arrive le 5 Janvier 1477 au secours de sa capitale, avec 12,000 Suisses et 8 à 9,000 volontaires. Malgré la neige qui tombait en abondance, on en vint aux mains, et les Bourguignons furent mis en déroute. Charles fut tué, par Claude de Bauzemont, Châtelain de St.-Dié, en se sauvant à travers les marais de l'étang St.-Jean.

Le soir même, le Duc de Lorraine fit son entrée dans Nancy à la clarté des flambeaux. On le fit passer sous un arc de triomphe que l'on avait dressé à la hâte avec les os-semens des chevaux, des chiens, des chats, des rats, et même des reptiles dont on s'était nourri pendant le siège : spectacle horrible sans doute, mais le plus attendrissant qu'un peuple ait jamais offert à son souverain.

Une catastrophe aussi intéressante par le fait et par ses résultats, offre à coup sûr un sujet noble et dramatique.

Né à Nancy, et encouragé par quelques succès au théâtre, j'ai dû m'en emparer. C'est à moi qu'il appartenait de le présenter sur la scène. Indépendamment des motifs qui doivent exciter l'enthousiasme d'un auteur français, lors-qu'il retrace un fait glorieux puisé dans nos annales, je suis fier d'avoir pu célébrer le lieu de ma naissance. Je l'avoue, j'ai savouré toutes les jouissances de l'orgueil, en retraçant le sublime dévouement de mes pères.

Transporté, par la pensée, à cette époque désastreuse et bien pénétré de l'horrible situation dans laquelle se sont trouvés mes ancêtres, je me suis abandonné à toute l'énergie du sentiment, et j'ai exprimé de toutes les forces de mon âme, des principes qui sont, j'aime à le croire, gravés dans tous les cœurs honnêtes.

Je n'ai rien outré, rien exagéré. Le caractère de Charles est tel que l'ont dépeint les historiens dont je donne ici la liste. Depuis le mois d'août 1813, époque à laquelle cet ouvrage a été présenté à la censure et défendu, j'y ai même fait de nombreux retranchemens et pas une addition.

Par malheur ma voix est trop faible pour un si grand sujet. Cette vaste composition semblait appeler les pinceaux d'un maître habile, et je n'ai produit qu'une esquisse. J'ai tâché du moins que l'on y reconnût une teinte locale, le ton du sentiment et les couleurs historiques.

Pour conserver surtout cette vérité historique si précieuse, j'ai consulté :

L'Histoire manuscrite de René II, par Faret.

L'Histoire manuscrite de Lorraine, par Jean de Lud.

Le Discours des choses advenues en Lorraine, etc.

La Guerre de Réné II, par le P. Aubert Roland.

La Nanceïde, Poème latin par Pierre de Blaru.

Les Mémoires de messire Philippe de Commines.

L'Histoire de Lorraine, par Dom Calmet.

La Notice de Lorraine, par le même.

L'Histoire de Lorraine, par l'abbé Bexon.

L'Histoire des villes vieille et neuve de Nancy, par l'abbé Lyonnois.

Charles-le-Téméraire.   2

C'est dans ces sources abondantes, dont quelques-unes étaient presque inconnues, que j'ai puisé les élémens de mon drame.

Tous les personnages sont historiques, excepté ceux de Léontine et de Marcelin, qui sont d'invention ; mais il est tout naturel de croire que Cifron était marié, et rien ne s'oppose à ce qu'il ait épousé la fille de Gérard Daviller.

Cette supposition m'a été nécessaire pour rattacher les fils de l'action et la rendre une. Elle m'a fourni d'ailleurs la matière de plusieurs développemens que je crois susceptibles d'intérêt et d'effet théâtral.

Quant à la mort infâme du malheureux Cifron, elle est attestée par tous les historiens. Philippe de Commines attribue même à cet acte de barbarie tous les malheurs de Charles. Voici comment il s'exprime à ce sujet, pages 347 et 348 de ses Mémoires, édition de Leyde, Elzéviers, 1648. « Monseigneur veut qu'on s'avance de le pendre, et par » messagers hàstoit le prévost, et finalement ledict Cifron » fut pendu. Qui fut au grand préjudice du Duc de Bour- » gogne, et luy eust mieulx valu n'avoir esté si cruel et » humainement ouir ce gentilhomme, et paravanture que » s'il l'eust fait, fust encores en vie et sa maison entière et » beaucoup accreue ; veu les choses survenues en ce » royaume depuis. »

Il est également certain que Philippe de Commines n'était plus attaché au Duc de Bourgogne à l'époque où se passe la scène. Il le quitta en 1472, après le siège de Beau- vais, pour se rendre à la Cour de Louis XI, qui le combla de biens et d'honneurs. C'est ce qu'il nous apprend lui- même au commencement du XIe. chapitre du IIIe. livre de ses Mémoires. « Environ ce tems je vins au service du » Roi, et fut l'an mil-quatre-cent-septante et deux, etc. ».

On n'a jamais bien su le motif qui le détermina à aban- donner la maison de Bourgogne, puisqu'il ne s'en est pas expliqué. Le savant Lenglet-du-Fresnoy dit que cette Cour était plongée dans des désordres si affreux, qu'un homme de probité n'y pouvait demeurer sans mettre son honneur en danger. En effet, outre que Charles était cauteleux, perfide, vindicatif et cruel jusqu'à la férocité, il était l'homme le plus corrompu de son siècle.

Dans l'ignorance des raisons qui causèrent l'éloignement de Philippe de Commines, j'ai regardé comme une inspiration heureuse de le faire rester jusqu'au dernier jour du siége pour combattre par de sages conseils les prétentions exagérées et les mouvemens cruels de son maître, et de motiver son départ pour la Cour de France sur l'impossibilité où il se voit de ramener Charles à des sentimens généreux.

On me pardonnera sans doute ce léger anachronisme, en faveur du désir auquel je n'ai pu resister de mettre en scène une historien aussi distingué à qui ses Mémoires ont mérité le surnom de *Tacite français* (*), et encore à cause des principes vertueux qu'il exprime dans le cours de la pièce.

(*) Les Mémoires de Philippe de Commines étaient constamment entre les mains de l'Empereur Charles-Quint. Il en faisait ses délices et les lisait avec autant d'attention qu'Alexandre lisait Homère.

PERSONNAGES.   ACTEURS.

CHARLES LE TÉMÉRAIRE, duc de Bourgogne. . . . . M. *Lafargue.*

GÉRARD DAVILLER, grand Ecuyer de
Lorraine et Gouverneur de Nancy . . . M. *Ferdinand.*

PHILIPPE DE COMMINES, Chambellan de
Charles et son favori, surnommé depuis le
Tacite français. . . . . M. *Marty.*

LÉONTINE, fille de Gérard Daviller et veuve
de Cifron, intendant du duc Réné . . . Mlle. *Bourgeois.*

MARCELIN, fils de Léontine et de Cifron,
âgé de 4 ans. . . . . La petite *Jenny.*

JACQUES GALLIOT, Napolitain, l'un des
principaux officiers de l'armée du duc de
Bourgogne. . . . . M. *Renaud.*

HILAIRE, officier Bourguignon. . . . . M. *Edouard.*

THIERRY, brave Lorrain. . . . . . . M. *Duménis.*

HÉLÈNE, nourrice de Léontine. . . . Mad. *Clément.*

UN BUCHERON. . . . . M. *Genest.*

UN SOLDAT Lorrain. . . . . M. *Lafitte.*

UN SOLDAT Bourguignon. . . . . . M. *Heret.*

Habitans de Nancy.
Soldats Lorrains.
Soldats Bourguignons.
Bûcherons.

L'action se passe les 4 et 5 Janvier 1477.

Le 1er. Acte est dans le camp des Bourguignons, devant Nancy.
Le 2e. dans la citadelle qui touche à la ville. Le 3e. dans la
ville et devant l'étang St.-Jean.

~~~~~~~~~~~~~~~~~

Présenté à la Censure le 14 août 1813, et non approuvé.

Vu de nouveau à la Direction générale de la Police du royaume, confor-
mément à la décision de Son Excellence, en date du 10 août.

Paris, le 11 août 1814.   Le Secrétaire général. MASSON.

CHARLES LE TÉMÉRAIRE,

OU

LE SIÉGE DE NANCY,

DRAME HÉROÏQUE.

ACTE PREMIER.

Le Théâtre représente le lieu où est campée l'aîle droite de l'armée du duc de Bourgogne, devant Nancy. Au fond, à droite (1), est un tertre couvert d'artillerie, et qui menace la route : tout le camp est défendu par un retranchement assez élevé. Au milieu, dans un ravin dont les bords sont escarpés, coule un ruisseau qui va tomber dans la Meurthe, au-dessus de Jarville (2). La terre, les arbres, les tentes, sont couverts de neige. La scène commence avec le crépuscule du matin. On voit, de distance en distance, des feux à demi-éteints, autour desquels sont couchés des soldats Bourguignons. Au lever du rideau, et sur une marche de nuit, on entend les patrouilles crier en dehors : Qui vive! *Et dont les voix se perdent dans l'éloignement. Une sentinelle se promène derrière la batterie qui est au fond.*

(1) Toutes les indications que l'on trouvera dans le cours de la pièce sont censées prises du parterre, c'est-à-dire relativement aux spectateurs.

(2) C'est en cet endroit qui servit de cimetière aux Bourguignons tués dans cette journée, au nombre de 10,000, que Réné II fit élever, dix-neuf ans après, une chapelle, nommée alors *la Chapelle des Bourguignons*, et depuis *Notre Dame de Bon Secours*, eu mémoire du secours que le Duc conduisit par ce chemin vers sa bonne ville de Nancy.

SCÈNE PREMIÈRE.

MARCELIN, JACQUES GALLIOT (1), Soldats Bourguignons.

(A la lueur d'une lampe, on voit Jacques Galliot qui dort tout armé sur un lit de camp, dans une tente, à droite, au premier plan.)

MARCELIN *est assis près du lit de camp sur un escabeau ; il se réveille, s'approche de Jacques Galliot, et dit :*

Il dort !... Je vais profiter de son sommeil pour prier le bon Dieu, car je serais bien grondé, s'il me voyait. *(Il sort doucement de la tente, et vient se mettre à genoux dans le milieu de la scène.)* Mon Dieu ! prends pitié du pauvre petit Marcelin ! Rends-lui son cher papa et sa bonne maman Léontine.

JACQUES GALLIOT *se réveille, et dit d'une voix forte :*

Dors-tu, fils de Cifron ?

MARCELIN, *à part.*

Je n'ose lui répondre.

JACQUES GALLIOT *étend le bras droit et cherche l'enfant.*

Où donc est-il ? *(Il se lève et sort de la tente.)* Alerte, soldats, alerte ! *(Tous les soldats se lèvent.)* Le fils de Cifron s'est échappé ! Qu'on le cherche partout, et qu'on me le ramène mort ou vif.

MARCELIN.

Me voilà.

JACQUES GALLIOT.

Que faisais-tu hors de cette tente ?

MARCELIN.

Je demandais à Dieu de me faire voir mon père.

---

(1) Les personnages sont placés au théâtre comme en tête de chaque scène.

JACQUES GALLIOT.

C'est impossible.

MARCELIN.

Où donc est-il, mon papa ?

JACQUES GALLIOT, *d'une voix sombre.*

Il dort !

MARCELIN.

Tu me trompes.

JACQUES GALLIOT.

Il dort ! te dis-je.

MARCELIN.

Tu me dis toujours cela.

JACQUES GALLIOT.

Rentre dans cette tente, et ne t'avise plus d'en sortir sans ma permission. (*Il pousse rudement Marcelin, qui va reprendre sa place auprès du lit de camp, et appuie sa tête sur ses petites mains, pour pleurer à son aise.*)

SCÈNE II.

HILAIRE, JACQUES GALLIOT, MARCELIN.

JACQUES GALLIOT, *à Hilaire, qui entre en tenant des papiers à la main.*

Hilaire ! les patrouilles sont-elles rentrées ?

HILAIRE.

Oui, commandant.

JACQUES GALLIOT.

Ont-elles fait quelque prise ?

HILAIRE.

Pas la moindre.

JACQUES GALLIOT.

Quelque découverte ?

HILAIRE.

Aucune. Elles ont cotoyé la Meurthe jusqu'à Tomblaine, puis sont remontées vers la porte Saint - Nicolas, en longeant les murs de la ville le plus près possible.

JACQUES GALLIOT.

Les rapports du centre et de l'aîle gauche sont-ils arrivés?

HILAIRE.

Les voici. (*Il lui remet des papiers.*) On les dit peu satis-faisans.

JACQUES GALLIOT.

Tant pis; voyons. *Il ouvre les paquets et lit.* (*Il fait jour.*) « Malhortie, gouverneur de Rozières, a enlevé un convoi (1).» Il n'en fait pas d'autres.

HILAIRE.

Il est vrai; cet intrépide partisan nous harcèle sans cesse. Avec sa petite garnison il nous fait plus de mal...

JACQUES GALLIOT *lit.*

» Le Sire de Vaudémont, sorti de Gondreville avec un déta-
» chement, est venu tomber à l'improviste sur le village de
» Laxou, vers neuf heures du soir, et a surpris deux cents
» hommes, qu'il a emmenés prisonniers (2). » C'est ainsi que chaque jour notre armée s'affaiblit en détail.

HILAIRE.

Il n'appartient pas sans doute à un simple officier; dont l'unique devoir est l'obéissance, de juger la conduite de son prince. Cependant, lorsque je vois le peu de progrès que nous avons faits depuis soixante-treize jours que nous sommes devant Nancy; lorsque je compte les pertes nombreuses que nous avons essuyées, tant de la part des assiégés que de celle des commandans de Lunéville, Neufchâteau, Dompaire, Épinal et autres, je ne puis m'empêcher de considérer comme une imprudence la précipitation avec laquelle le duc de Bour-gogne est venu investir cette capitale, avant de s'être emparé des places moins importantes qui l'avoisinent.

JACQUES GALLIOT.

Il a dû se flatter que la chûte de Nancy entraînerait néces-sairement la conquête entière de la Lorraine.

(1) Historique.
(2) Historique.

HILAIRE.

Et il s'est trompé. Nous avons affaire à un peuple brave, dévoué de tout tems à ses princes, et commandé par des généraux habiles : nous le soumettrons difficilement.

JACQUES GALLIOT.

C'est ce que la suite prouvera.

HILAIRE.

Jusqu'à présent, du moins, les événemens justifient l'opinion sage que Philippe de Commines avait émise dans le conseil. Malheureusement elle n'a point prévalu.

JACQUES GALLIOT.

Il devrait y être habitué.

HILAIRE.

Et voilà comme l'amour propre des princes compromet souvent le bonheur des peuples. Dieu veuille que Charles n'ait point à s'en repentir !....

JACQUES GALLIOT, *qui a ouvert des paquets et a parcouru de l'œil ce qu'ils renferment.*

Voilà qui répond à toutes vos doléances, et prouve que nous avons pris le meilleur parti. (*Il lit d'un air joyeux*) : « La ville éprouve de plus en plus les horreurs de la famine : » la misère est à son comble. Ainsi, l'armée peut être assurée » de prendre incessamment son quartier d'hiver dans cette » importante cité. »

HILAIRE, *à part.*

Où elle ne trouvera plus que des ossemens et des cadavres. Belle conquête, vraiment !

JACQUES GALLIOT.

Je vais au quartier-général prendre les ordres de son Altesse. Hilaire, je vous recommande de veiller sur le fils de Cifron. Le Duc l'a commis à ma garde. Songez qu'en ne lui faisant point partager le supplice de son père, il n'a voulu que se conserver un moyen d'accélérer la reddition de la place.

HILAIRE.

Gérard Daviller n'est pas homme à céder à d'aussi faibles considérations.

Charles le Téméraire. 3

JACQUES GALLIOT.

Le Duc espère que cet inflexible gouverneur pourra se laisser toucher par les larmes de sa fille.

HILAIRE.

D'après ce que l'on raconte du courage de Léontine, et d'après les preuves qu'elle nous en a données dans les quatre assauts que nous avons livrés à la ville, il est douteux qu'elle veuille obtenir son fils par une lâcheté.

JACQUES GALLIOT.

Charles n'ignore pas qu'il a dans cette femme intrépide une implacable ennemie ; il sait qu'elle soutient par son exemple et ses discours le courage des assiégés ; aussi a-t-il juré de la faire périr de la même mort et à la même place que son mari, si jamais elle tombe entre nos mains.

HILAIRE, *avec horreur.*

Une femme !... Ah ! sire Galliot, par grâce et pour l'honneur de notre Prince, ne dites ce projet à personne. Cela fait frémir.

JACQUES GALLIOT.

Je sais ce qu'il faut faire. Mais vous devriez, vous, modérer cette excessive sensibilité qui ne convient nullement à un soldat.

HILAIRE.

Je crois au contraire qu'elle ne peut que l'honorer, quand elle ne nuit point à son devoir.

JACQUES GALLIOT.

Quoi qu'il en soit, ne perdez pas de vue cet enfant.

HILAIRE.

Comptez sur ma vigilance. Sire Galliot, si par hasard vous rencontrez les bûcherons qui ont coutume de nous apporter du bois sec, veuillez les envoyer de ce côté ; ils ne sont pas venus depuis plusieurs jours, et nos provisions sont épuisées.

JACQUES GALLIOT.

Je m'en souviendrai.

HILAIRE, *continuant.*

Cependant elles nous sont plus nécessaires que jamais ; il a tombé de la neige toute la nuit (1), et il fait un froid du diable. *(Jacques Galliot s'éloigne par la droite.)*

SCÈNE III.

HILAIRE, MARCELIN, *dans la tente.*

HILAIRE *se rapproche de la tente, et regarde dans l'intérieur.*

Pauvre petit ! il pleure ! Cela me fait de la peine. Vraiment, je voudrais pouvoir le consoler ; mais je ne sais comment m'y prendre. Tout jeune qu'il est, il distingue très-bien les personnes qui s'intéressent à lui ; il voit que je suis touché de son sort, et cela m'embarrasse beaucoup. Chaque fois que nous sommes seuls il vient se mettre là... devant moi, (*Il s'assied sur une pierre auprès de la tente de Galliot.*) il fixe ses yeux pleins de larmes sur les miens, qui ne tardent pas à se mouiller aussi, car je ne comprends que trop ce langage éloquent ; mais je crains d'y répondre, et je détourne la vue. Insensiblement il s'approche, s'empare de ma main, la porte à ses lèvres, grimpe sur mes genoux, et cherche à m'entourer de ses bras caressans. Craignant de ne pas résister à mon émotion, je m'efforce de prendre une contenance sévère, je me retourne, et lui dis brusquement : « Que voulez-vous, « Marcelin ? »

MARCELIN, *frappé de ces derniers mots, qu'Hilaire a prononcés fort haut, écoute sans sortir de la tente.*

On m'appelle, je crois ?

HILAIRE.

Alors il me répond avec un accent qui pénètre mon âme et la déchire : « Bon ami ! dis-moi où est mon papa ? »

(1) Historique.

MARCELIN, *à part, dans la tente, et dans une attitude suppliante.*

Oui, bon ami. Dis-moi où est mon papa.

HILAIRE.

Que puis-je lui répondre? Irai-je désespérer cette faible créature, en lui racontant un attentat horrible aux lois de la guerre et au droit des gens? Lui dirai-je que mon prince s'est déshonoré par le supplice du brave et malheureux Cifron? Que ce digne serviteur de Réné, bravant tous les périls pour porter aux assiégés des nouvelles consolantes, a rencontré dans le camp de Charles une mort ignominieuse, la mort réservée aux malfaiteurs, qu'enfin il a péri par un infâme gibet? Non! non! à Dieu ne plaise que je lui fasse ces affreuses révélations! peut-être elles porteraient la mort dans le sein de cet enfant, et j'aurais à me reprocher d'avoir frappé une victime innocente. Ah! c'est bien assez de celles qui tombent dans les combats! Epargnons la faiblesse, l'enfance surtout.... Qu'elle soit sacrée pour nous. Malheur au guerrier dont le cœur est inaccessible à la pitié!

MARCELIN *sortant de la tente, et avec l'accent du désespoir.*

Oh! mon Dieu! mon Dieu! ils ont tué papa!

HILAIRE.

Qui t'a dit cela?

MARCELIN.

C'est toi.

HILAIRE, *embarrassé.*

Tu t'es trompé.

MARCELIN.

J'ai bien entendu. Ils ont tué papa! Oh! mon Dieu!

(*Il pleure.*)

HILAIRE.

Non, mon enfant, non, te dis-je; ne pleure pas: tu as mal compris; console-toi donc. La première fois que le duc de Bourgogne viendra dans cette partie du camp, je prierai le commandant Galliot de te présenter à Son Altesse, et tu lui demanderas de te renvoyer à Nancy.

MARCELIN.

Bien vrai ?

HILAIRE.

Je te le promets ; mais à condition que tu ne pleureras plus. (*On entend crier au dehors*): Fagots ! fagots! (*Hilaire va au fond.*) Tiens ! voici les bûcherons; nous allumerons du feu, cela te fera du bien, car tu es tout transi. Essuie tes yeux, afin que l'on ne voie pas que tu as pleuré : on croirait que je te maltraite.

MARCELIN.

Au contraire; tu es bien bon, toi. Si les autres te ressemblaient, je ne serais pas ici.

HILAIRE.

Il a raison. (*Il va au-devant des bûcherons pendant que Marcelin, assis dans la tente sur son petit siége, essuie ses yeux.*)

SCENE IV.

HILAIRE, Bûcherons, Soldats, LEONTINE, MARCELIN.

HILAIRE.

A quoi songez-vous donc, bonnes gens, de nous laisser ainsi au dépourvu ? Savez-vous qu'il ne fait pas chaud ici ?

UN BUCHERON.

J' vous croyons sans peine, monsu l'officier; c' n'est pas l' bois qui vous manque, vous en avez d' reste; mais c' bois vart çà n' veut pas brûler, au lieu qu' nos bourrées s'allumont tout d' suite. Çà vous fait un joli feu clair qui vous ravigote, et vous aimez çà, pas vrai ?

HILAIRE.

Oui, cela fait plaisir.

UN BUCHERON.

Par exemple, la nuit passée, vous avez dû avoir moult

froid. Y semble que l' vent ait, par exprès, poussé la neige
sur vot' camp : il en est tout couvert; et par là bas, d'où que
j' venons, y gn'y en a presque point.

LÉONTINE.

C'est vrai ; gn'y en a point du tout.

HILAIRE.

Allons, distribuez vos bourrées à nos soldats.

*Les bûcherons et leurs femmes se débarrassent des fagots
qu'ils portent sur le dos en forme de hottes, et les distribuent
aux soldats qui se sont avancés. Hilaire veille à ce que la
distribution soit égale. (A Léontine.)* Vous, bonne femme,
jettez la vôtre là bas, devant la tente du commandant.

LÉONTINE *vient devant la tente de Galliot, détache une
des bretelles de sa bourrée qu'elle est près de jetter dans
la tente, quand elle reconnaît son fils et s'écrie :*
Mon fils !...

MARCELIN *la reconnaît, se lève et s'élance vers sa mère.*
Ma....

LÉONTINE, *pour empêcher que ces deux cris ne soient
entendus, a jetté la bourrée par terre avec le plus de bruit
possible ; puis elle pose sa main gauche sur la bouche de
Marcelin.*

Tais-toi! nous serions perdus. (*Cependant ce bruit a fixé
l'attention des personnages qui sont en scène. Hilaire redes-
cend avec vivacité.*

HILAIRE.

Qu'avez-vous donc, bonne femme ?

LÉONTINE *a eu le tems de se remettre ; elle prend un
maintien commun, l'accent du village, et dit avec beaucoup d'émotion :*

Pardine ! monsu l'officier, vous êtes ben mal avisé, toujours ! Vous m' dites comm' ça d' jetter mon bois dans c'te
tente, et vous n' me prévenez tant seul'ment pas qu'y gnia un
enfant ; je n'm'attendions pas à l'trouver là, ben sûr. J'ons failli
à l'écraser. Oh! soyez tranquille, je n' l'y ons point fait d' mal;
mais çà nous a fait eun' si grand' peur à tous les deux, qu' j'ons

poussé un cri ensemble ; écoutez donc, c'est ben naturel. . . .
C' pauvre enfant !... rien qu' d'y penser l' cœur me bat d'eun'
force ! Tenez, v'nez voir plutôt, mon p'tit ami, si j' vous
mens.

MARCELIN *vient mettre la main sur le cœur de sa mère,*
qui la presse tendrement avec les siennes.

Oh ! je suis bien fâché de t'avoir fait peur.

LÉONTINE.

Ça n' sera rien, mon p'tit ami ; ça n' s'ra rien. Çà commence à s' passer ; j' me trouvons beaucoup mieux.

MARCELIN.

Embrasse-moi, cela te guérira tout-à-fait.

LÉONTINE.

Ben volontiers. (*Elle l'embrasse ; l'enfant lui passe ses bras*
autour du col, et la caresse.) Il est aimable tout plein, c' pe-
tiot... Jugez donc queu dommage si... Ben sûr c' malheur là
aurait été la cause d' ma mort.

HILAIRE.

De votre mort ; et pourquoi ?

LÉONTINE.

C'est p'têtre ben l' fieu d' queuq' général ; son père n'aurait
pas manqué d' se venger sur moi...

HILAIRE.

Non, bonne femme, cet enfant n'appartient à personne ici.
Je voudrais pour lui et pour nous qu'il n'y fût jamais venu.
(*Il donne de l'argent à un bûcheron.*) Voilà ce qui vous
revient à tous : tu feras le partage. Adieu. Ne soyez pas aussi
long-tems désormais sans nous apporter cette petite provision
que la rigueur du froid rend chaque jour plus nécessaire.

UN BUCHERON, *à Léontine.*

Allons, v'nez-vous, la mère ? (*Les bûcherons remercient,*
saluent et s'éloignent.)

LÉONTINE.

Oui, oui... j'y allons. (*bas à Marcelin*) Déjà te quitter,
quand depuis deux mois je gémis de ton absence !

HILAIRE, *revenant vers Léontine.*

Eh bien ! vos camarades sont partis...

LÉONTINE, *s'assied sur la pierre qui est auprès de la tente.*

Moi su l'officier, si c'était un effet d' vot' bonté d' me par-
mettre d' me reposer un brin sur c'te piarre. C'te frayeur
là, voyez-vous, ça m'a tout' saisie ; et puis la fatigue... J'
n'ons plus d'jambes du tout, quoi. Y m' s'rait voirement impossible d' regagner à présent not' chaumière.

MARCELIN.

Ne t'en va pas, je t'en prie. (*A Hilaire.*) Mon bon ami,
tu veux bien qu'elle reste, n'est-ce pas ?

HILAIRE.

Oui, pourvu que ce ne soit pas pour long-tems. Je voudrais, bonne femme, avoir quelque chose à vous offrir ; mais
il est trop matin, les distributions ne sont pas encore faites.
(*On entend en dehors, à gauche, des voix confuses.*) Quel
bruit ! (*Il va dans le fond.*) D'où naît ce tumulte ? (*On est
censé lui répondre.*) Hein ! un vieillard ? On vient de l'arrêter sur la route de Saint-Nicolas... — Pourquoi l'a-t-on
arrêté ?

THIERRY, *en dehors, avec une voix cassée.*

C'est une injustice, mon Capitaine. Ordonnez que l'on me
conduise devant vous.

HILAIRE.

Amenez ce bon homme ; surtout ne le maltraitez pas.

SCÈNE V.

HILAIRE, THIERRY, LEONTINE, MARCELIN, Soldats.

THIERRY ; *il est déguisé en vieillard ; il porte en sautoir,
d'un côté, une vielle, et de l'autre un baril. Une gaîté
franche est le caractère distinctif de ce rôle.*

Du moins, vous êtes un homme humain, vous, mon offi-

cier, un brave militaire ; vous voulez entendre les gens avant
de les condamner ; mais ces honnêtes messieurs ne parlent que
de tuer, de pendre, sans autre forme de procès. Savez-vous
que ces manières là ne sont pas du tout polies ? Que l'on me
pende, à la bonne heure ; je ne dis pas non ; mais dans une
heure ou deux. Quel diable !... on laisse aux gens le tems de
se reconnaître. C'est juste, n'est-il pas vrai, bonne femme ?
(*Avec une intention bien particulière, et en regardant
Léontine avec intérêt.*) On laisse aux gens le tems de se reconnaître. (*Hilaire ordonne aux soldats qui ont amené Thierry
de s'éloigner.*)

LÉONTINE, *à part, avec effroi.*

Que veut-il dire ? serais-je reconnue ?... Il me fait trembler !

HILAIRE.

Au fait, qui êtes-vous ?

THIERRY, *qui a remarqué l'inquiétude de Léontine.*

Oh ! n'ayez pas peur ! je suis un honnête homme. (*Il ouvre
son vêtement du côté de Léontine, et lui montre furtivement
une croix de Lorraine attachée sur son cœur. Ce mouvement
très-vif, et fait de la main gauche, ne peut être vu que de
Léontine.*)

LÉONTINE, *rassurée, à part.*

Ah ! c'est un ami.

HILAIRE.

Je vous crois ; mais enfin qui vous amène ici ?

THIERRY.

Le désir de vous amuser et de faire mes petites affaires.
Au reste, pour vous éviter la peine de me questionner, je vais
répondre de suite à toutes les demandes que vous ne manque-
riez pas de m'adresser, selon l'usage. Mon vrai nom est Thierry.

LÉONTINE, *à part.*

Thierry !

THIERRY.

Mais partout on m'appelle père Hilarion, autrement dit le
Jovial, et cela n'est pas étonnant. J'ai toujours eu pour devise
Gaîté sœur de Courage ; comme vous voyez, j'ai vécu en

Charles le Téméraire.   4

bonne compagnie. Aussi suis-je parvenu, sans m'en apercevoir, à l'âge fort avancé que j'ai aujourd'hui. Quelques circonstances qu'il est inutile de vous raconter, m'ont conduit à St.-Nicolas. Me trouvant aussi près de votre camp, j'ai eu la curiosité d'y pénétrer, dans la ferme persuasion que mes intérêts y trouveraient leur compte. Vous le voyez, j'en use franchement avec vous : je vous confesse tout ingénuement mon petit calcul. Je me suis donc mis en route dès le point du jour avec mon bagage, car ce sont là mes compagnons inséparables. (*Il montre sa vielle et son baril.*) L'un et l'autre dissipent la tristesse, mais celui-ci a de plus l'avantage de détruire le dangereux effet des vapeurs du matin, et je vous offre d'en faire l'essai gratis.

HILAIRE.

Qu'y a-t-il dans ce baril ?

THIERRY.

De l'excellent kirchenwasser ; goûtez-en, mon Capitaine.

HILAIRE.

Quant à moi, je vous remercie ; mais vous m'obligerez d'en donner un verre à cette pauvre paysanne. Cette liqueur bienfaisante lui rendra des forces.

THIERRY.

L'un n'empêche pas l'autre, mon Capitaine.

HILAIRE.

Allons, puisque tu le veux...

LÉONTINE.

Vous êtes moult bon, monsu l' Capitaine ; j' désirons ben pouvoir reconnaître queuqu' jour tout c'te complaisance.

MARCELIN, *donnant à Thierry un verre qu'il est allé chercher dans la tente de Galliot.*

Tenez, Monsieur ; dans mon verre, ce sera plus bon.

THIERRY *s'approche de la tente, et pose son pied gauche sur la pierre qui sert de siége à Léontine, sous prétexte d'être plus commodément pour tirer la liqueur de son petit tonneau.*

(*Bas, et vivement.*) Vous êtes Léontine, la fille du gou-

verneur de Nancy. (*Haut, en lui présentant le verre plein.*)
Tenez, bonne femme, buvez-moi çà, et vous m'en direz des
nouvelles; c'est de la première qualité. (*Bas et vivement.*)
J'ai mille choses à vous dire et du plus grand intérêt. (*Haut,
en se tournant du côté d'Hilaire.*) Elle le trouve bon. Cette
pauvre chère femme !... Je suis bien sûr qu'elle n'en boit pas
souvent du pareil.

LÉONTINE.

Voirement, c'est la première fois d' ma vie.

HILAIRE.

Eh bien! ne vous pressez pas.

THIERRY, *bas, et vivement.*

J'arrive de Zurich, et suis envoyé par le duc Réné pour annoncer aux habitans de sa bonne ville, qu'enfin les Cantons-
Suisses lui ont accordé un secours de douze mille hommes.

LÉONTINE, *s'oubliant.*

Dieu! quelle heureuse...

THIERRY.

Rencontre. Oh! oui; il est fort heureux que je sois venu de
ce côté-ci. (*Il rit.*)

HILAIRE.

J'étais sûr que cela lui ferait du bien.

THIERRY.

A la bonne heure; mais vous ne pouviez pas prévoir cet effet
là... Non, Capitaine, vous ne pouviez pas le prévoir... Je ne
m'en doutais pas moi-même...

HILAIRE, *à Léontine.*

Vous vous trouvez mieux, n'est-il pas vrai ?

LÉONTINE.

Oh! gn'y a pas d' comparaison. (*Elle rend le verre à
Thierry, et lui dit avec toute l'expression de la reconnaissance*) En vous r'marciant pus d' cent fois ; ça m'a fait un bien.

HILAIRE, *donnant de l'argent à Thierry.*

Tenez, mon ami, voilà pour vous.

THIERRY.

Comment faire pour vous rendre ?... Je n'ai pas de monnaie.

HILAIRE.

Gardez tout.

THIERRY.

Un écu d'or ! vous n'y pensez pas, mon officier ; c'est plus que ne vaut tout mon baril.

HILAIRE.

N'importe, prenez, et éloignez-vous.

LÉONTINE, à *part*.

Quel moyen employer pour le retenir ?

SCÈNE VI.

THIERRY, HILAIRE, Bûcherons, LÉONTINE, MARCELIN.

HILAIRE, *aux bûcherons qui rentrent.*

Qui vous ramène ici, bonnes gens ?

UN BUCHERON.

Pardon, excuse, mon officier, c'est qu' les sentinelles qui sont à l'aut' barrière, n' voulont pas nous laisser sortir du camp ; y disont com' çà qu' leux consigne est changée et qu'y faut que j' restions ici jusqu'à tant et si long-tems qu' vous alliez leux y dire qu' je n' sommes pas des coquins, mon officier.

HILAIRE.

C'est juste, la surveillance est plus sévère que jamais. Il est défendu de laisser sortir du camp aucun étranger, s'il n'est accompagné par un officier qui en réponde.

UN BUCHERON.

Par ainsi donc, sans vous commander, seriez-vous t'y assez bon pour octroyer not' demande à c' te fin que j' puissions nous en retourner cheux nous ? C'est qu' voyez-vous, v'là bentôt l'heure d' not' déjeûner et, sauf vot' respect, l'estomac commence à jaser.

HILAIRE.

Volontiers, mes enfans ; venez avec moi, je vais vous faire sortir. Combien êtes-vous ?

UN BUCHERON.

J' sommes quatorze, en comptant c'telle-là.

(*Il désigne Léontine.*)

LÉONTINE, *se lève et dit avec douleur :*

Allons, partons.

THIERRY.

Pardine, monsieur l'officier, il me vient une bonne pensée.
Ces braves gens sont tous attardés ; la faim les galoppe ; tout
ce qui est là dedans vous appartient puisque vous l'avez payé ;
permettez que je leur donne la monnaie de votre pièce. Ce petit
réconfort viendra bien à propos, pas vrai ? (*il rit.*) Qui ne dit
rien, consent. Allons, je verse, boira qui pourra ; mais vous
m'avez l'air de lurons, le baril sera bientôt vide. Goûtez-moi
ça, et convenez que vous n'avez jamais rien bu de meilleur.
Ah! ah ! ah ! (*Les bûcherons s'approchent et boivent.*)

HILAIRE.

Pendant que vous prendrez ce petit à compte, je vais ordonner aux sentinelles de la barrière voisine, de vous laisser
passer.

THIERRY.

Allez, allez, mon officier. Nous mettrons à profit le tems
de votre absence.

(*Hilaire sort par la droite, et emmène Marcelin.*)

SCENE VII.

THIERRY, LÉONTINE, Bûcherons.

THIERRY.

Ma foi, camarades, je vous livre le baril, tenez, asseyez-
vous et buvez à même. Cela me fatigue de vous verser, et puis
vous en boirez davantage. Ne vous gênez pas, c'est le capitaine
qui régale. (*Il rit. Le baril passe à la ronde, les bûcherons
et leurs femmes sont groupés au fond et ne s'occupent plus de
Thierry, ni de Léontine qui redescendent et se parlent à demi*

voix avec tout l'intérêt et l'émotion que comporte cette situation.) Comment et pourquoi vous trouvé-je ici sous ce déguisement ?

LÉONTINE.

Charles s'est rendu tellement redoutable par ses cruautés, que personne n'ose plus sortir de la ville.

THIERRY.

Je le sais.

LÉONTINE.

Cependant la détressse est à son comble.

THIERRY.

Hélas!

LÉONTINE.

Il fallait que quelqu'un se dévouât pour aller mettre sous les yeux de Réné la déplorable situation de sa capitale.

THIERRY.

Eh bien ?

LÉONTINE.

Je me suis offerte.

THIERRY.

Et l'on vous a laissé partir ?

LÉONTINE.

Oui, comme une victime qui marche vers une mort assurée. Le ciel a déjà récompensé mon courage, en me faisant retrouver mon fils.

THIERRY.

Je ne vous comprends pas. Depuis plus de trois semaines le brave Cifron, votre mari, a quitté Zurich pour venir de la part de Réné annoncer aux habitans de Nancy...

LÉONTINE.

Le malheureux n'est plus.

THIERRY.

O ciel!

LÉONTINE.

Parti vers minuit de l'abbaye de Clairlieu, il était parvenu au bord du fossé, derrière l'arsenal. Quant il fut à portée de se faire entendre de la sentinelle du rempart, il cria : Vive Lorraine ! Les Bourguignons réveillés à ce bruit, accoururent et firent feu de tous côtés. On tendit à Cifron une échelle et des cordes. Il était sauvé lorsque son fils, que j'avais desiré revoir et qu'il ramenait avec lui, effrayé par les coups d'arquebuse, se laissa tomber. Le malheureux père retourne sur ses pas pour le chercher, mais il est bientôt enveloppé par les Bourguignons qui le traînent comme un vil criminel dans la tente de leur Prince. Incapable de feindre, il déclare avec franchise le motif de son voyage ; mais Charles, transporté de colère, ordonne à l'instant le supplice de mon époux.

THIERRY.

Est-il possible ?

LÉONTINE.

Oui. Au mépris des lois sacrées de la guerre, ce tigre altéré de sang, le livre au bourreau et le lendemain.... O jour d'horreur !... le premier objet qui frappe nos regards est le corps de l'infortuné Cifron attaché à l'arbre le plus élevé de la fontaine Saint-Thiébault. (1)

THIERRY.

O comble de barbarie !

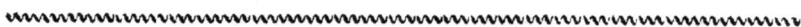

~~~~~~

SCÈNE VIII.

THIERRY, HILAIRE, MARCELIN, LEONTINE, Bûcherons.

HILAIRE.

C'est arrangé, vous pouvez partir.

THIERRY.

Cela suffit, mon officier.

---

(1) Ces détails sont historiques.

SCÈNE IX.

THIERRY, JACQUES GALLIOT, HILAIRE, LEONTINE,
MARCELIN, Bûcherons.

JACQUES GALLIOT, *sur l'éminence.*

Que font ici tous ces gens ? que demandent-ils ?

HILAIRE.

Ce sont les bûcherons qui viennent ordinairement...

JACQUES GALLIOT.

Qu'on les renvoie. *(à Hilaire seul)* Je n'ai pas trouvé le
Duc à la Commanderie de St. - Jean, il était allé faire une
reconnaissance; mais on m'a dit de sa part qu'il se proposait
de revenir par ce quartier et d'y tenir un conseil de guerre.
Faites tout disposer en conséquence. Je vais à sa rencontre.
(Il sort par la gauche. Hilaire indique aux paysans le che-
min qu'ils doivent prendre et les conduit. Il disparait un
(moment.

SCENE X.

THIERRY, LEONTINE, MARCELIN.

THIERRY, *apportant son baril, son bâton et sa vielle à*
Léontine qui fait mine de suivre les Bûcherons.

Certainement, allons nous en bien vîte... le Duc va venir...
Bonne femme, voudriez-vous m'aider à arranger tout cela ?

LÉONTINE

Volontiers. *(bas à Thierry.*) Dussé-je trouver la mort ici,
je ne partirai pas sans mon fils.

THIERRY, *de même.*

Sans doute, il faut l'enlever et rentrer avec lui dans la ville.
Moi, je retournerai vers notre Prince.

LÉONTINE.

Ainsi nous aurons rempli chacun le but de notre voyage. Mais avant tout il serait important de savoir ce qui sera résolu dans ce conseil de guerre, nous aviserons ensuite au moyen de nous échapper.

THIERRY.

Y pensez-vous, madame !

LÉONTINE.

Cachée là (*elle montre une tente à gauche.*) je puis tout entendre.

THIERRY.

Mais le danger...

LÉONTINE.

Dieu connait la justice de ma cause. Ne vous éloignez pas trop, tâchez de me rejoindre à l'issue du conseil. Veillez sur mon fils. (*à Marcelin*) Va, mon ami, confie-toi sans crainte à ce brave homme. (*Elle entre dans une tente à gauche, dont l'ouverture est, comme celle de Galliot, en face du public.*)

THIERRY.

Personne ne me voit, si je pouvais... (*Il essaye de cacher Marcelin sous son vêtement qui est très-long et très-ample, mais en voyant rentrer Hilaire, il change d'intention et se contente de tenir l'enfant par la main. Pendant cette scène toute mystérieuse, on bat aux champs dans le lointain.*)

SCENE XI.

LEONTINE, MARCELIN, THIERRY, HILAIRE.

HILAIRE.

Où donc conduisez-vous cet enfant ?

THIERRY, *sans se déconcerter.*

J'allais vous le mener pour ne pas le laisser seul.

HILAIRE.

Merci, ne prenez pas tant de peine. (*il prend la main de*

Charles le Téméraire.   5

Marcelin.) Eloignez-vous. Jacques Galliot s'avance, il trouverait mauvais que vous fussiez encore ici.

THIERRY.

Pardon , je vais vous paraître bien curieux; quel est ce seigneur qui accompagne Sire Galliot ?

HILAIRE.

C'est Philippe de Commines.

THIERRY.

Il a l'air d'un honnête homme.

HILAIRE.

Il fait mieux encore, car il l'est en effet.

LÉONTINE, *à part.*

Mon Dieu, que vont-ils faire de mon fils ?

(*Hilaire et Thierry sortent par la droite. Avant de s'éloigner, Thierry tâche de saisir un moment pour rassurer Léontine par un geste.*)

SCÈNE XII.

LEONTINE , PHILIPPE DE COMMINES, JACQUES GALLIOT , Soldats.

JACQUES GALLIOT.

Soldats , visitez ces tentes , et que sous peine de mort personne ne puisse approcher du conseil.

(*Il retourne au-devant du Prince.*)

LÉONTINE, *à part.*

C'est fait de moi. (*Des soldats, l'arme haute, descendent le long des tentes à droite et à gauche, en regardant l'intérieur de chacune.*)

PHILIPPE DE COMMINES.

Sous peine de mort ! . . . Toujours la menace à la bouche. Quel homme ! (*Il descend près de la tente où est Léontine, ôte le manteau dont il est enveloppé et le jette négligemment au bord de cette tente. Léontine le prend, s'en couvre entiè-*

rement et se blottit dans un coin, de man ère à n'être pas re-
marquée du soldat qui fait la visite.) Ah ! les guerres seraient bien moins sanglantes , moins acharnées, si ceux qui en
sont les instrumens, pensaient que les actes de cruauté auxquels ils se livrent, peuvent être exercés un jour sur les objets de leur affection.

SCENE XIII.

LEONTINE, PHILIPPE DE COMMINES, CHARLES,
JACQUES GALLIOT , Officiers et Soldats Bourguignons (1).

(*Charles, suivi de ses principaux officiers, entre par la gau-*
che , et passe ses troupes en revue. Il ordonne que l'on
apporte sept tambours , qu'il fait placer en cercle , et
vient s'asseoir sur le tambour du milieu , derrière le
quel on plante la banniere Ducale. Philippe de Commines
est à la droite du Prince avec deux autres chefs. Jacques
Galliot et deux officiers supérieurs occupent la gauche)

CHARLES.

Vous avez vu par les rapports qui nous sont parvenus ce
matin , combien nos pertes se multiplient. Ces pertes m'affligent surtout, en ce qu'elles jettent le décuragement dans
mon armée doublement fatiguée par l'âpreté de la saison et la
longueur du siège. D'un autre côté un écrit de mon ambassadeur auprès des cantons Suisses me confirme la nouvelle que
Cifron venait porter aux assiégés. Il est certain que le duc de
Lorraine a obtenu de la diète de Zurich un secours de douze
mille hommes, à la tête desquels il marche vers sa capitale.

---

(1) Les Bourguignons portent une croix de St -André sur la cuirasse.
Les Lorrains se distinguent par l'écharpe blanche et une croix de Lorraine.

Quoique je redoute peu les efforts d'un jeune homme sans ex-
périence, cependant tous ces motifs réunis me semblent néces-
siter un parti vigoureux. En restant dans l'inaction, nous aurons
à soutenir tout à-la-fois le choc de cette armée auxiliaire et
celui des assiégés qui ne manqueront pas de seconder l'attaque
de leurs alliés par de fréquentes sorties. Notre intérêt exige
donc que nous fassions les dispositions les plus promptes pour
soumettre, dès aujourd'hui, cette orgueilleuse cité devant laquelle nous sommes arrêtés depuis deux mois et demi. C'est
sur cette opinion que je daigne appeler les lumières de mon
conseil.

JACQUES GALLIOT.

Grand Prince, nous ne pouvons qu'applaudir à tout ce qui
émane de votre profonde sagesse. Ordonnez un assaut et
nous y marchons tous. Il sera le dernier, j'ose vous en répondre. Mais plus de ces ménagemens commandés, dit-on,
par la prudence et l'humanité, et qui trop long-tems ont com-
promis l'honneur de vos armes.

PHILIPPE DE COMMINES.

Ah ! quel fléau pour les grands que ces hommes toujours
prêts à flatter leurs passions ! quel malheur pour les peuples,
quand les princes se livrent à ces ennemis de leur gloire !
toutes les calamités qui affligent les nations sont passagères ;
des tems plus heureux ramènent la paix et l'abondance ; la flat-
terie seule plus cruelle, plus dangereuse que la peste et la
guerre fait chaque jour de nouveaux ravages. Il n'est point de
terme aux maux qu'elle enfante, lorsque le chef de l'état s'est
laissé séduire par ses charmes trompeurs. Prince, permettez
à celui que vous honorez du titre d'ami, de vous faire entendre la voix de la vérité. C'est elle seule qui doit éclairer
votre esprit, diriger votre cœur ; elle seule immortalise ceux
qui l'ont aimée, inspire des pensées et des actions ma-
gnanimes, elle seule enfin forme des hommes véritablement
grands, et des sages dignes de porter ce nom.

LÉONTINE, à part.

Vertueux Commines, la postérité te le décernera.

CHARLES.

Philippe de Commines m'a donné tant de preuves de son attachement, je l'ai employé avec tant de succès dans des négociations difficiles, que je dois desirer de le voir applaudir à tout ce que j'entreprends. Qu'il parle donc. En faveur de son zèle qui m'est bien connu, j'excuserai la hardiesse de ses expressions. D'ailleurs il m'a dès long-tems habitué à la franchise et à l'austérité de son langage.

PHILIPPE DE COMMINES.

Charles, on vous trompe, en vous promettant la reddition de Nancy : vous n'y entrerez que quand la famine et la peste auront dévoré jusqu'au dernier de ses habitans. En effet, il n'est point d'alternative pour ces hommes courageux. Comment avez-vous agi envers l'intrépide garnison de Briey ? Quand cette ville vous eut ouvert ses portes, au lieu d'admirer l'incroyable bravoure avec laquelle quatre-vingts hommes s'étaient défendus contre votre armée, vous fites dresser sur les avenues quatre-vingts potences, et ces nobles victimes expièrent par un supplice infâme l'honneur de vous avoir résisté (1). Gérard Daviller qui commandait alors à Briey est aujourd'hui gouverneur de Nancy (2), croyez-vous que cet acte de férocité puisse être jamais effacé de sa mémoire ? S'il avait pu l'oublier ou l'excuser, l'attentat inouï que vous venez de commettre récemment sur la personne de son gendre, de l'infortuné Cifron, ne suffirait-il pas pour anéantir toute espérance de paix ? Jamais les gentilshommes Lorrains, si délicats sur le point d'honneur, ne vous pardonneront un outrage dont l'ignominie rejaillit sur toute la noblesse de ce pays. Je l'ai prédit et je le répète, Seigneur, cette action barbare sera la source de vos malheurs et peut-être de votre perte (3). La prospérité d'un prince doit s'arrêter là où son injustice commence.

---

(1) Historique.
(2) Historique.
(3) C'était en effet l'opinion de Philippe de Commines. Voyez la Préface.

CHARLES.

Ce ne sont pas des réflexions sur le passé, mais des conseils sur le présent que je vous demande.

PHILIPPE DE COMMINES.

Eh bien, Seigneur, je pense qu'il faut lever le siége.

CHARLES.

Quoi ! lorsque la fortune semble m'amener à la fois tous mes ennemis pour ne faire qu'un seul exemple de leur audace et de ma vengeance ; lorsque les Suisses, fiers de quelques succès que le hasard leur a procuré sur moi, viennent eux mêmes au - devant de mes coups ; lorsqu'ils sortent de leurs montagnes sous la conduite d'un enfant qui s'efforce à devenir capitaine et semble compter pour rien sa défaite pourvu qu'il ait eu l'honneur d'exciter deux fois la colère du duc de Bourgogne , vous me proposez de fuir (1) ?

PHILIPPE DE COMMINES.

Ce ne sera pas fuir que de vous retirer pour un moment. Les villes de Metz et de Toul vous ouvriront leurs portes, et vous aurez dans leurs murs un asyle assuré. Il est de la prudence d'un grand général , tel que vous, de ne point hasarder la réputation de ses armes. Rappelez-vous les défaites de Granson et de Morat , vous ne les devez qu'à cette fougueuse impétuosité qui ne vous a pas permis de suivre les conseils de l'amitié.

CHARLES.

Faux raisonnemens d'une tête froide et d'un cœur pusillanime. A vous entendre, Commines, on vous croirait le premier ennemi de ma gloire. J'ai fait pâlir l'étoile de Louis XI dans la guerre du bien public, j'ai réprimé les Gantois, foudroyé Liège, dévasté la Picardie, assiégé Rouen , fait trembler Paris ; l'Angleterre recherche mon alliance, l'Allemagne redoute mes armes, je tiens l'Europe en échec, et je craindrais de me mesurer avec un novice dans l'art de la guerre !

_____

(1) Propres paroles du duc de Bourgogne, extraites d'un manuscrit du tems.

PHILIPPE DE COMMINES.

On ne s'illustre que trop par des crimes heureux. Des flatteurs, il est vrai, vous ont surnommé le *Hardi*, le *Téméraire*, le *Terrible*, mais ces titres pompeux n'en imposeront point à la postérité. Tant que les Rois peuvent nuire, on les craint, on les flatte, on affecte de les aimer. Ouvrez les pages de l'histoire, et vous verrez que sous les règnes célèbres par des forfaits, l'amour et le respect sont toujours sur le bord des lèvres, quand le mépris et la haine reposent au fond du cœur. Dieux tant qu'ils vivent, hommes après leur mort, les Rois sont jugés par leurs contemporains avec d'autant plus de sévérité, que la contrainte a été plus forte et les hommages plus exagérés. Le respect, les considérations font place alors à l'examen terrible. Tout est détruit; le Roi disparaît, l'homme reste et la vérité parle.

CHARLES.

Je ne la redoute point.

PHILIPPE DE COMMINES.

Ah! Charles, mon prince, montre-toi digne d'entendre ce langage inspiré par le cœur d'un ami. Conduis-toi de manière à ne point redouter le jugement de l'équitable postérité. Dieu n'a mis le glaive en tes mains que pour la sûreté de tes états, et non pour le malheur de tes voisins. Cherche à désarmer tes ennemis, plutôt qu'à les vaincre. La guerre est quelquefois nécessaire pour repousser d'injustes prétentions, c'est alors seulement qu'un prince sage peut et doit l'entreprendre; mais il doit, en général, la regarder comme le plus grand fleau qui puisse affliger son empire. Hélas! dans la guerre la plus juste, les victoires même traînent après elles autant de calamités pour un état que les plus sanglantes défaites. Efforce-toi donc de rendre ton règne immortel par la félicité de tes sujets, plutôt que par le nombre de tes injustes conquêtes. Le tems a bientôt effacé ces inscriptions fastueuses gravées sur le marbre et l'airain. Ce qui est écrit dans les cœurs est ineffaçable. Un bon roi ne périt jamais.

CHARLES.

C'est assez, je ne prends plus conseil que de mon ressentiment. Je vais faire sommer le gouverneur de Nancy de se rendre à discrétion ; s'il refuse, mon premier acte d'hostilité sera de faire jetter par dessus les remparts la tête de son petit-fils. Où est-il cet enfant ? qu'on l'amène devant moi.

(*Jacques Galliot se lève et va chercher l'enfant.*)

LÉONTINE, *à part.*

O mon Dieu !

SCÈNE XIV.

LEONTINE, PHILIPPE DE COMMINES, CHARLES, MARCELIN, JACQUES GALLIOT, HILAIRE.

JACQUES GALLIOT, *rentre en tenant Marcelin par la main et le place dans l'enceinte du conseil.*

Le voilà, Seigneur.

CHARLES.

Misérable rejeton d'une famille que je déteste, si je n'écoutais que ma haine.... (*il se lève.*)

PHILIPPE DE COMMINES.

Qu'allez-vous faire ? (*par un mouvement aussi prompt que la pensée, il prend l'enfant par le bras et pour l'éloigner du duc de Bourgogne, le jete, pour ainsi dire, dans la tente où est Léontine.*)

LÉONTINE, *se précipite sur son fils, le presse contre son cœur, l'embrasse à plusieurs reprises et avec tout le délire d'une mère passionnée, et dit, de manière à n'être pas entendue.*)

Qu'il vienne le frapper maintenant !

CHARLES, *à Philippe de Commines.*

Cet enfant vous inspire un intérêt bien vif.

PHILIPPE DE COMMINES.

Vous vous trompez, Seigneur. Ce n'est pas lui, mais votre
gloire qui m'intéresse.

CHARLES.

Jacques Galliot, vous irez en parlementaire vers l'orgueilleux Daviller. J'ai des instructions secrètes à vous donner.
Suivez-moi. Nous retournerons à St.-Jean, en suivant la li-
sière du camp. Je veux ordonner et faire exécuter de suite
toutes les dispositions qui peuvent ajouter à notre défense.
(*il monte sur l'éminence, examine la batterie et le petit pont
qui sert à passer le ruisseau.*)

JACQUES GALLIOT, *à Hilaire.*

Placez cet enfant dans ma tente, et défendez lui d'en sortir
pendant mon absence.

HILAIRE.

Marcelin!

LÉONTINE, *à voix basse.*

Va, ne crains rien, celui-là n'est pas méchant.

MARCELIN.

Me voilà. (*il prend la main d'Hilaire qui le conduit dans
la tente de Galliot, et lui recommande, tout bas, de ne pas
s'éloigner. Il mêle à cette injonction de légères caresses que
Marcelin lui rend.*

CHARLES.

Hilaire !

HILAIRE.

Plaît-il, Monseigneur?

CHARLES.

Prenez avec vous quelques ouvriers. (*il s'éloigne par la
droite en indiquant du geste à ceux qui le suivent, et particulièrement à Hilaire, les dispositions qu'il conçoit pour for-
tifier le camp. On a enlevé, aussitôt après le conseil, les sièges
et la bannière Ducale. Tout le monde sort à la suite de Charles par le sentier qui est sur l'éminence.*)

SCENE XV.

LEONTINE, THIERRY, MARCELIN.

THIERRY (*entre lentement par le bas en affectant la marche pesante d'un vieillard. Quand il s'est bien assuré que l'on ne peut le voir, il accourt vers la tente où est Léontine.*)

Vite, madame, assurons-nous des moyens d'enlever votre fils. Ils sont occupés ailleurs. Venez. (*Léontine passe dans la tente de Galliot. Thierry y entre également.*) Vous allez voir, ce que j'ai imaginé. (*il détache les liens du fagot que Léontine a jeté devant la tente et entoure Marcelin de branches qu'il serre fortement, de manière qu'il est impossible de voir l'enfant.*) Aidez-moi, Madame. Chargée de ce précieux fardeau, vous vous échapperez par le petit pont qui est là en face, sur le ruisseau. J'ai parcouru toute cette partie du camp, c'est le seul passage qui vous reste. Ne perdons pas un moment, vous pour rentrer à Nancy et annoncer la prochaine arrivée de notre Prince, et moi pour aller au-devant de lui et presser sa marche. (*Ils sont à genoux autour de Marcelin et l'arrangent avec toute la promptitude possible.*)

SCENE XVI.

HILAIRE, Soldats Bourguignons, THIERRY, MARCELIN, LEONTINE.

HILAIRE, *rentrant par la droite de l'éminence, avec des sol-dats qui portent des outils.*

Coupez ce pont; le Duc ordonne que tous les passages soient détruits.

THIERRY et LÉONTINE, *comme frappés de la foudre.*

O ciel ! (*Ce groupe resté dans la tente ne peut être vu*

d'Hilaire, ni de ceux qui l'accompagnent. On coupe le pont. Il reste d'un bord à l'autre une distance de six à sept pieds.)

HILAIRE, *aux ouvriers.*

Maintenant je vais vous conduire à l'endroit où le duc de Bourgogne juge à propos de placer une batterie dont le feu pourra bien arrêter l'armée ennemie. C'est ici près, sur la route de St.-Nicolas. (*Il descend de l'éminence et s'éloigne par la gauche avec ses ouvriers, en suivant le cours du ruisseau.*)

SCENE XVII.

THIERRY, LEONTINE, MARCELIN.

THIERRY.

Je conçois encore la possibilité de votre fuite. (*il regarde en dehors de la tente.*) Chargez-vous de votre fils. (*il aide Léontine à passer les bretelles de son fagot.*) Attendez ! la sentinelle qui garde cette batterie a un long espace à parcourir. Nous pourrons, avant qu'elle revienne....

LÉONTINE.

O providence !... c'est à toi de nous sauver.

(*Pendant que Léontine remonte la scène, Thierry arrache une large planche d'une palissade que l'on voit à gauche. La sentinelle du fond reparaît ; Léontine se couche au bas du monticule et Thierry se blotit derrière une tente. Quand le soldat s'est éloigné, tous deux gravissent l'éminence. Parvenus au bord du ravin, Thierry descend dans le ruisseau, et pose sur sa tête cette planche, qui se trouve trop courte pour être appuyée sur l'autre bord, par ce moyen il ne reste plus à franchir qu'un intervalle de deux pieds. Léontine traverse ce pont fragile, et s'esquive derrière le retranchement. Thierry remonte en s'aidant des broussailles, et s'échappe comme Léontine.*)

Fin du premier Acte.

ACTE II.

Le théâtre représente la citadelle et la porte de la Craffe (1) vues intérieurement. A droite, au second plan, la maison du gouverneur à l'angle de la rue Bazin (2); la porte de cette maison est sur un pan coupé qui fait face au public. A gauche, au premier plan, la fontaine de Sorrette (3), au coin de la rue du Grand-Bourget (4). L'intervalle qui existe à droite et à gauche depuis la porte jusqu'au deuxième plan, est occupé par des remparts praticables et crénelés, par-dessus lesquels on aperçoit les bastions qui défendent la première ligne des fortifications.

SCENE PREMIERE.

Habitans de la ville, HELÈNE.

(*Au lever du rideau, on voit des vieillards, des femmes et des enfans groupés devant la maison du Gouverneur, et les mains levées de ce côté.*)

HÉLÈNE, *sortant de la maison.*

Hélas ! mes amis, M. le gouverneur ne peut vous entendre. En ce moment il parcourt la ville, et s'efforce d'adoucir la misère des habitans par tous les moyens qui sont en son pouvoir.

---

(1) Maintenant *la Porte Notre-Dame.*
(2) Aujourd'hui *la Rue de l'Opéra.*
(3) Cette fontaine est maintenant à l'angle opposé.
(4) Aujourd'hui dite *du Haut-Bourgeois.*

Croyez bien qu'il souffre plus que vous de l'horrible situation à laquelle nous sommes réduits. N'a-t-il pas perdu lui-même tous les objets de son affection ? Il ne lui restait qu'une fille unique, sa bien-aimée Léontine : elle s'est dévouée pour le salut de tous, il n'a pu s'empêcher d'accomplir cette généreuse résolution. Tenez, partagez ceci entre vous. (*Elle leur donne quelques alimens.*) Puis retournez dans vos tristes demeures, et reposez-vous sur la tendre sollicitude de celui que nous devons tous regarder comme un père.

(*Les habitans s'éloignent lentement par la gauche, après avoir distribué entr'eux ce que leur a donné Hélène.*)

SCENE II.

HÉLÈNE, puis GÉRARD DAVILLER.

HÉLÈNE, *regardant ces infortunés avec un air de compassion.*

Quel cœur ne serait déchiré par ces scènes douloureuses ?... ô déplorable aveuglement des hommes !.... voilà donc à quoi l'orgueil d'un seul peut réduire ses semblables !...... (*Gérard Daviller, venant de la rue Bazin, va rentrer chez lui ; absorbé par sa douleur, il ne voit point Hélène.*) O ! mon cher maître ! combien je vous félicite de ne vous être pas trouvé ici ! Je viens d'avoir sous les yeux un tableau...

GÉRARD DAVILLER.

Moins affreux sans doute que celui qui s'est offert à mes regards. Ah ! bonne Hélène ! mon courage est anéanti ; mon ame est affaissée sous le poids de nos misères. Le mal va toujours croissant, et il n'est plus possible de prévoir où il s'arrêtera. Quelques jours encore et cette ville deviendra la proie d'un vainqueur inhumain. Mais quelle horrible victoire ! en pénétrant dans ces remparts déserts, un silence effrayant lui apprendra qu'il ne reste plus personne pour les défendre ; son œil épouvanté n'y découvrira que les ravages de la mort ; pas une créature vivante n'ornera son triomphe. Tout aura péri. La guerre, la famine et la peste semblent s'être partagé notre malheureuse patrie. J'ai visité les magasins , ils sont totalement épuisés. Pas la moindre ressource : demain les alimens nous manqueront tout-à-fait.

HÉLÈNE.

Qu'allons-nous devenir ?

GÉRARD DAVILLER.

Ah ! puissent les malédictions de tant d'infortunés frapper à-la-fois le conquérant farouche, seul auteur de nos désastres ! (*On entend sonner la trompette en dehors ; tous deux écoutent. On sonne une seconde fois. Gérard Daviller et Hélène vont vers la porte de la ville.*)

SCENE III.

GÉRARD DAVILLER, Un Soldat, HÉLENE.

GÉRARD DAVILLER , *au soldat qui entre par le fond.*

Que m'annonce ce bruit ?

LE SOLDAT.

Monsieur le gouverneur, un parlementaire envoyé par le duc de Bourgogne, se présente à la première porte, et demande à être conduit vers vous.

GÉRARD DAVILLER.

Qu'on l'introduise avec les précautions d'usage. (*le soldat sort*) Sans doute il vient m'offrir des conditions que l'honneur ne me permettra point d'accepter ; mais je ne veux pas que l'on puisse me reprocher d'avoir négligé une seule occasion de sauver, s'il est possible, le peu d'habitans qui reste dans cette triste cité.

~~~~~~

SCENE IV.

JACQUES GALLIOT, GÉRARD DAVILLER, HÉLÈNE,
Soldats de la garnison, Habitans.

(*Jacques Galliot vêtu en simple soldat, la visière baissée et
les yeux bandés, paraît accompagné d'un détachement qui
garnit le fond ; quelques habitans viennent à droite et à
gauche.*)

GÉRARD DAVILLER.

Parlez ; nous sommes prêts à vous entendre.

JACQUES GALLIOT.

Charles-le-Hardi mon maître, ce valeureux guerrier que
nul obstacle n'avait arrêté jusqu'ici dans le cours de ses conquêtes, vous annonce, par ma voix, que votre opiniâtreté
a lassé sa patience. Si vous ne lui ouvrez à l'instant les portes de
votre ville, vous avez tout à redouter de sa juste colère. Laissez-
vous donc éclairer sur le danger qui vous menace. Livrez-vous
à sa discrétion : à ce prix, il veut bien vous accorder la vie.

GÉRARD DAVILLER.

Nous remettre à la discrétion du duc de Bourgogne !..... Il
faudrait pour nous y déterminer que nous eussions affaire à un
ennemi plus généreux.

JACQUES GALLIOT.

L'intérêt de Charles vous répond de sa clémence. Il veut
faire de la Lorraine le centre de ses vastes états, dont Nancy
deviendra la capitale. Il l'agrandira jusqu'au de-là de Tomblaine, de manière à faire couler la Meurthe dans ses murs, et
l'embellira de palais magnifiques. La Flandre, le Hainaut, la
Bourgogne, le Luxembourg y tiendront leurs assises ; en un
mot, il ne négligera rien pour faire oublier à ses nouveaux
sujets leurs anciens souverains.

GÉRARD DAVILLER.

Quel fonds peut-on établir sur une amitié sans probité? que doit attendre d'un prince cauteleux et farouche, qui s'est montré si souvent infidèle à ses promesses? Le grand exemple de perfidie qu'il a étalé aux yeux de l'Europe, en livrant le connétable de Saint-Pol à Louis XI, pour détourner celui-ci de l'alliance du duc de Lorraine ; les massacres de Liége, de Granson, de Briey, et tant d'autres, doivent m'inspirer une juste défiance. Mes compagnons et moi sommes résolus à nous ensevelir sous les ruines de ces remparts, plutôt que d'y laisser pénétrer un guerrier sans foi, qui nous ferait payer d'autant plus cher notre imprudente incrédulité, qu'il a éprouvé plus de résistance.

JACQUES GALLIOT, *à demi-voix.*

Vous connaissez mal le duc de Bourgogne ; du moins il est plus équitable à votre égard. Bien pénétré de votre mérite et de vos vertus, il vous offre, par mon organe, un commandement dans son armée et une place dans son conseil.

GÉRARD DAVILLER.

Je croyais lui avoir prouvé que je suis incapable d'une bassesse.

JACQUES GALLIOT.

Songez aux conséquences funestes d'un refus. Si vous tombez entre ses mains, il vous réserve une mort ignominieuse.

GÉRARD DAVILLER.

Je la préfère à une vie infâme.

JACQUES GALLIOT.

Il est des bornes où doit s'arrêter la foi jurée au souverain.

GÉRARD DAVILLER.

Je n'en connais pas. S'il en existe, je ne les place qu'au delà du tombeau.

JACQUES GALLIOT.

Quel sera le prix de ce zèle exagéré ?

GÉRARD DAVILLER.

L'honneur d'avoir justifié la confiance de mon maître.

JACQUES GALLIOT.

Que peut faire pour vous un prince sans états et réduit à mendier des secours étrangers?

GÉRARD DAVILLER.

C'est parce que mon ambition n'en attend aucune récompense que je suis plus fier de le servir.

JACQUES GALLIOT.

Nous comptons dans notre armée plus de trente mille combattans. Que pouvez-vous opposer à un ennemi si supérieur en nombre?

GÉRARD DAVILLER.

La supériorité du courage et mon devoir qui me prescrit de demeurer fidèle à un prince malheureux.

JACQUES GALLIOT.

N'avez-vous pas fait tout ce que l'on peut attendre d'un sujet dévoué?

GÉRARD DAVILLER.

Non, puisque je ne suis pas mort au poste qu'il m'a confié.

JACQUES GALLIOT.

Redoutez l'assaut qui se prépare; il sera terrible.

GÉRARD DAVILLER.

Mais il sera le dernier.

JACQUES GALLIOT.

Et si votre souverain vous ordonnait de vous rendre?

GÉRARD DAVILLER.

C'est impossible.

JACQUES GALLIOT.

Il l'a fait cependant. Lisez cet écrit saisi ce matin sur un messager qu'il vous adressait, et qui a été surpris par nos patrouilles. Son écriture vous est connue. (*Gérard Daviller lit bas.*) Lisez haut. Cette lettre intéresse tout le monde ici.

(*Les habitans se rapprochent pour entendre.*)

GÉRARD DAVILLER, *lit avec beaucoup d'émotion.*

« Brave Daviller, la résistance est désormais inutile. Les Suisses » m'ont abusé par de fausses promesses, et j'ai perdu tout

Charles le Téméraire.   7

» espoir de vous secourir. Faites donc ensorte d'obtenir de
» mon cousin les meilleures conditions possibles, et lui ren-
» dez ma bonne ville. Réné. »

Lui rendre la ville !

~~~~~~

SCENE V.

JACQUES GALLIOT, LÉONTINE, GÉRARD
DAVILLER, HÉLÈNE, Soldats Lorrains, Habitans.

LÉONTINE, *accourant par la porte du fond, s'écrie avant
d'être vue.*

Non, non, ne vous rendez pas mon père.

GÉRARD DAVILLER.

Ma fille !

JACQUES GALLIOT, *à part.*

Sa fille !

GÉRARD DAVILLER.

Cependant Réné me l'ordonne.

LÉONTINE.

C'est faux. Réné au contraire marche à grands pas vers sa
capitale. Ce soir ou demain vous le verrez paraître à la tête
de douze mille Suisses.   (*L'espoir renaît.*)

GÉRARD DAVILLER.

Est-il possible ?

JACQUES GALLIOT.

Qui vous a dit ?..

LÉONTINE.

Le Duc de Bourgogne lui-même.

JACQUES GALLIOT.

Le Duc !..

LÉONTINE.

J'étais au conseil de guerre.

JACQUES GALLIOT.

Au conseil !

LÉONTINE.

J'ai tout entendu.

JACQUES GALLIOT.

Vous?

LÉONTINE.

Oui. J'arrive de votre camp, j'y ai rencontré un brave Lorrain que notre Prince envoyait à Nancy pour nous annoncer qu'enfin nous touchons au terme de nos maux. (*à son père*) Charles, alarmé de ces nouvelles qui lui ont été confirmées par son ambassadeur, a voulu vous intimider ; il a imaginé cette ruse, qui le dégrade, pour vous forcer à ouvrir vos portes ; mais elle tournera à sa honte.

JACQUES GALLIOT.

Dites plutôt à la vôtre.

On entend crier en dehors à gauche : Vive Lorraine ! *Quelques coups de feu partent dans l'éloignement et du même côté. On répète le même cri :* Vive Lorraine !

GÉRARD DAVILLER.

Cette voix ne m'est pas inconnue.

LÉONTINE, *qui s'est élancée sur le rempart, et a regardé dans le fossé.*

C'est Thierry.

GÉRARD DAVILLER.

Qu'on lui jette des cordes et qu'on le hisse sur le rempart.

THIERRY, *au dehors.*

Bonne nouvelle ! bonne nouvelle !

LÉONTINE, *à Jacques Galliot.*

Vous l'entendez !

GÉRARD DAVILLER, *aux soldats.*

Ferme, mes amis.

LÉONTINE, *à Thierry.*

Tenez-vous bien. Le voilà.

En effet on hisse Thierry sur le rempart au moyen de deux cordes qu'il s'est passées sous les bras (1).

_____

(1) Historique.

SCÈNE VI.

JACQUES GALLIOT, THIERRY, LÉONTINE, GÉRARD
DAVILLER, HÉLÈNE, Soldats, Habitans.

T H I E R R Y, *parlant aux ennemis qui lui lâchent des coups
d'arquebuse de l'autre côté du rempart.*

Tirez à présent. Peine perdue! Gardez votre poudre pour
une meilleure occasion. Ah! ah! ah! *Il rit.* (*Il vient en scène.*)
Hé bien! monsieur le Gouverneur, me voilà de retour. Ce
n'a pas été sans peine, mais Dieu merci, je vous apporte de
bonnes nouvelles. Qu'est-ce que c'est que cet homme là? Peut-
on parler devant lui?

L É O N T I N E, *souriant.*

Sans doute, c'est un de nos meilleurs amis.

T H I E R R Y.

Oui da! Cela fait son éloge. Hé bien donc, notre ami, (*il
prend la main de Galliot.*) apprends que le Duc René, ce
bon Prince que nous chérissons tous, est à peine à huit lieues
de Nancy. Il s'avance à marches forcées. Son armée qui n'était
que de douze mille hommes à son départ de Zurich s'est
augmentée de toutes les garnisons qu'il a trouvées sur la route
et d'un grand nombre de volontaires, ensorte qu'il est maintenant à la tête de vingt mille combattans bien déterminés (1).
Vive Dieu! comme nous allons peloter ces enragés Bourguignons! je m'en réjouis.

H É L È N E.

Ce bon monsieur Thierry!

G É R A R D D A V I L L E R.

Sans doute, nous pouvons ajouter toute confiance...

T H I E R R Y.

En quittant Madame que j'avais rencontrée dans le camp

_____

(1) Historique.

ennemi, j'ai trouvé à une lieue de Lunéville un nouvel émis-
saire que notre Souverain envoyait à Nancy pour vous annoncer sa prochaine arrivée. Fier de vous apporter moi-
même ce message consolant, je suis revenu bien vite sur
mes pas. En me glissant le long de la rivière je suis parvenu
à tourner le camp. Une fois hors de la portée des sentinelles,
j'ai couru à toutes jambes vers le rempart en criant Vive Lorraine! et me suis élancé dans le fossé. Ils m'ont poursuivi à
coups d'arquebuse, mais ils n'ont pas su viser juste. Grâce à
leur maladresse, me voilà sain et sauf. ah! ah! ah!

GÉRARD DAVILLER, *à Jacques Galliot.*

Retournez vers votre maître et dites-lui que les habitans
de Nancy périront tous avant de passer sous sa domination.

THIERRY, *passant près d'Hélène.*

Comment son maître?..

HÉLÈNE.

Hé oui. C'est un envoyé du Duc de Bourgogne.

THIERRY, *à Jacques Galliot.*

Oui, monsieur l'Ambassadeur, répétez à votre maître ce
que vient de vous dire notre brave gouverneur, et ajoutez-y
pour mon compte que vous avez vu Thierry, ce malin canon-
nier qui, avec ses boulets cramponnés, a eu plus d'une fois, au
commencement du siège, l'honneur de faire déloger son Altesse. Dites lui que ma couleuvrine (1) et moi nous sommes
à son service, et que nous lui ferons le plus de mal que nous
pourrons. Quant à vous, soyez sûr que si jamais vous vous
trouvez à notre portée, nous ferons ensorte de ne pas vous
manquer.

JACQUES GALLIOT.

Je ne suis pas surpris de toutes ces bravades; c'est le
dernier cri du désespoir. Nous verrons, courageuse Léontine,

---

(1) Il existait alors à Nancy la plus grande couleuvrine connue. On l'a
conservée long-tems à l'arsenal, d'où elle a été transportée à Calais.

comment vous supporterez le coup que l'on vous prépare ; car c'est sur vous que doit éclater d'abord la colère de mon maître. Avant une heure, la tête de votre fils lancée par dessus les remparts, tombera dans cette enceinte.

GÉRARD DAVILLER, HÉLÈNE.

Barbares ! *Mouvement général d'indignation.*

LÉONTINE.

Rassurez-vous, mon père. *Elle va dans le fond, et dit d'une voix forte* : Marcelin, viens embrasser ton ayeul.

SCENE VII.

THIERRY, JACQUES GALLIOT, GÉRARD DAVILLER, MARCELIN, LÉONTINE, HÉLÈNE, Soldats, Habitans.

(Thierry rit aux éclats en se moquant de Jacques Galliot.)

JACQUES GALLIOT.

Marcelin ici !

MARCELIN.

Bonjour, grand papa.

GÉRARD DAVILLER.

Cher enfant ! *Il l'embrasse.*

LÉONTINE.

A l'aide du brave Thierry, je l'ai enlevé moi-même de la tente de Jacques Galliot.

JACQUES GALLIOT.

Et j'en répondais sur ma tête !

THIERRY.

Seriez-vous par hazard ce méchant Napolitain ?

MARCELIN, *s'approchant de Galliot.*

C'est lui. Je reconnais sa grosse voix.

Jacques Galliot lève la visière de son casque.

THIERRY.

Je vous en fais mon compliment. Si c'est ainsi que vous gardez les prisonniers que l'on vous confie, il n'est pas dangereux de tomber entre vos mains.

GÉRARD DAVILLER.

Général, si j'avais connu votre grade, je lui aurais fait rendre les honneurs qui lui sont dus. Mais j'étais loin de penser...

JACQUES GALLIOT.

J'ai voulu juger moi-même votre situation et l'effet de cette lettre dont l'idée m'appartient. C'est moi qui l'ai écrite sans en prévenir le Duc de Bourgogne.

THIERRY, *qui a reçu précédemment la lettre des mains d'Hélène.*

On jurerait qu'elle est de l'écriture de Réné. Joli talent que vous avez là ! Cela peut vous mener loin.

JACQUES GALLIOT, *présente à Gérard Daviller deux petits drapeaux l'un blanc et l'autre rouge.*

Finissons. Le choix que vous allez faire sera la réponse que je porterai à mon maître.

GÉRARD DAVILLER.

Nous les prenons tous deux. Le blanc comme le symbole de la paix que nous desirons; le rouge comme celui du sang que nous répandrons pour nous la procurer. Au reste, quel que soit le résultat de cette lutte inégale, tout est à notre avantage. Si nous sommes vainqueurs, cette glorieuse defense nous immortalise à jamais. Si nous succombons, le sort que vous nous apprêtez sera pour vous une tache ineffaçable, un monument éternel d'opprobre et d'infamie. Reconduisez le général jusqu'aux premiers retranchemens.

JACQUES GALLIOT.

Adieu. *On remet à Jacques Galliot son bandeau, et on le reconduit par la porte du fond.*

SCÈNE VIII.

THIERRY, LÉONTINE, GÉRARD DAVILLER HÉLÈNE, MARCELIN, Habitans.

GÉRARD DAVILLER.

Disposons tout pour notre défense. Elle ne pourra que nous honorer sans doute. (*bas à Léontine.*) Mais je ne puis te dissimuler, ma fille, que je regarde notre situation comme désespérée. La fatigue et la famine nous enlèvent à chaque instant...

LÉONTINE.

L'espérance a souvent opéré des miracles. (*aux Habitans.*) Annoncez aux braves Lorrains la prochaine arrivée de leur Prince, ils désireront de vivre pour le revoir et le bénir encore.

GÉRARD DAVILLER.

Thierry, montez à la tour de Saint-Epvre, et annoncez vous-même, avec un porte-voix, ces heureuses nouvelles à tous les habitans.

THIERRY.

Oui, mon commandant. Ah ! mille bombes, nous nous verrons de près, messieurs les Bourguignons ! (*Il sort.*)

GÉRARD DAVILLER.

Moi, je cours sur la place de la Carrière, pour rassembler tout ce que nous avons d'hommes sous les armes, et les distribuer sur les différens points d'attaque, car je ne doute pas que le duc de Bourgogne, instruit de l'approche de Réné, ne tente, avant la fin du jour, un dernier assaut. (*Il sort.*)

LÉONTINE.

Toi, ma chère Hélène, conduis mon fils à la maison. Il a besoin de repos.

(*Hélène entre avec Marcelin dans la maison du Gouverneur.*)

SCENE IX.

LÉONTINE, Femmes de la ville.

LÉONTINE, *aux femmes qui l'entourent.*

Et nous, resterons nous dans l'inaction quand nos parens et nos amis vont verser généreusement leur sang pour nous défendre? non, sans doute. N'oublions pas que nous vivons dans la patrie de Jeanne d'Arc, et qu'elle a respiré le même air que nous. Rappelons-nous le dévouement sublime des femmes de Beauvais. N'avons-nous pas, comme ces femmes courageuses, à défendre tout ce que nous possédons de plus cher? Sachons donc mériter comme elles les souvenirs de la postérité, en conservant à notre Prince des remparts dont il nous a confié la garde. Nous mourrons peut-être, mais du moins nous n'aurons pas subi la loi d'un vainqueur inhumain. Qu'ai-je dit? mourir! non, non, nous ne cesserons d'être un moment, que pour jouir à coup sûr de l'immortalité.

HÉLÈNE, *qui est rentrée vers la fin de cette tirade.*
Courageuse Léontine, nous suivrons toutes votre exemple.
(*Elles se disposent à sortir à droite et à gauche.*)

SCENE X.

THIERRY, LÉONTINE, HÉLÈNE, GÉRARD DAVILLER,
Femmes de la Ville, quelques Soldats.

THIERRY, *à Gérard Daviller qui rentre par la droite.*

Commandant, du haut de la tour de Saint-Epvre je viens de voir l'aile gauche de l'armée ennemie descendre de la Croix gagnée et se diriger vers le faubourg de Boudonville, sur deux

Charles le Téméraire.

colonnes soutenues par une ligne de cavalerie ; elles marchent enseignes déployées et sont précédées d'un corps de pionniers chargés de gabions et de fascines. Charles lui-même les commande. Tout annonce que c'est contre le bastion le Duc que se portera la première attaque.

GÉRARD DAVILLER.

Préparons nous à les bien recevoir. Que tout le monde coure aux armes ; faites battre la générale et sonner le tocsin ; rassemblons toutes nos forces au bastion le Duc. (*Thierry sort. Les femmes courent çà et là, on bat la générale, on sonne le tocsin.*) La ville est sauvée si nous sortons vainqueurs de cette lutte terrible.

LEONTINE.

Espérons, mon père.

SCENE XI.

(*Des troupes débusquent par les rues de droite et de gauche et sortent par la porte de la Craffe, conduites par Gérard Daviller, pour aller au bastion le Duc. Les jeunes gens apportent des boulets et des bombes sur des civières et dans des brouettes ; les vieillards portent des chaudières à l'aide de bâtons placés sur l'épaule ; les enfans roulent des tonneaux de poudre ; les femmes portent des seaux remplis d'huile et de poix. Le canon, le tocsin, les tambours, le cliquetis des armes, les cris des combattans, ce mouvement général des habitans et des soldats qui accourent de tous les coins de la ville et sortent par la porte du fond, sans être arrêtés par les feux que lancent les assiégeans, tout enfin concourt à former un tableau d'une vérité effrayante. Le théâtre ne reste jamais vide, on ne fait que sortir et rentrer, passer et repasser. On voit par dessus les remparts qui sont de chaque côté de la porte, les assiégés qui se défendent sur le bastion le Duc.*)

(Une bombe tombe sur la maison du gouverneur. Elle entre par le toit, perce les planchers et éclate dans l'intérieur. Un des éclats brise la croisée qui ouvre sur le balcon, dont la balustrade tombe dans la rue ; en un instant le feu se communique, les flammes jaillissent par toutes les ouvertures.)

UNE FEMME, *qui passe auprès de la fontaine, crie :*
Au feu ! au feu !

(Elle sort en courant par la porte de la Craffe.)

SCENE XII.

LÉONTINE, MARCELIN.

MARCELIN, *chassé de la maison par les flammes se réfugie sur le balcon et pousse des cris douloureux.*
O mon dieu ! maman ! maman !

LÉONTINE, *rentrant dans la ville.*
Mon fils !...

MARCELIN.
Maman !

(Léontine se précipite dans la maison. Arrivée sur le balcon elle ne voit aucun espoir de descendre. Les flammes sortent avec violence par la porte qu'elle a ouverte ; elle rentre toutefois dans l'appartement et revient sur le balcon avec un rideau qu'elle déchire en deux parties. Elle en emploie la moitié à envelopper son fils et à le faire glisser dans la rue. Elle attache l'autre à une rosace qui est au-dessus de la croisée et descend elle-même en se suspendant à ce faible tissu. Quelques femmes accourent, la reçoivent dans leurs bras et la conduisent au bord de la fontaine. A peine est elle arrivée là que le balcon s'écroule avec une partie de la maison. Pendant cette scène l'assaut a toujours continué.)

SCÈNE XIII.

HÉLÈNE, LEONTINE, MARCELIN, GÉRARD DAVILLER, THIERRY , Soldats, Habitans, Femmes, Enfans.

(*On entend crier :* Le bastion le Duc est pris ! *Tout le monde rentre confusément dans la ville en poussant des cris affreux.*) *On voit de loin les Bourguignons maîtres de ce premier retranchement descendre dans les fossés pour attaquer le corps de la place. A mesure que les assiégés reparaissent , ils garnissent les remparts à droite et à gauche. Gérard Daviller rentre le dernier soutenu par Thierry. On ferme la porte.*)

LÉONTINE.

Mon père est blessé !

GÉRARD DAVILLER.

Rassure-toi, ma fille, je puis encore vendre chèrement ma vie.) *On lui ôte sa cuirasse, son casque, et on bande la blessure qu'il a reçue au bras. Pendant ce tems il ne cesse de donner des ordres.*) Courage ! mes amis, courage ! réparons ce premier échec. Que tout entre nos mains devienne pour eux un instrument de mort , et que s'ils pénètrent dans nos murailles, ce ne soit qu'en marchant sur nos corps entassés.

THIERRY.

Pour ma part je n'ai rien à me reprocher, j'en ai abattu des lignes entières. (*Un cri général.*) Les voici !

GÉRARD DAVILLER.

A nos postes. Moi, là. (*Il montre l'angle du rempart à gauche, et dit à Léontine et à Hélène :*) Chargez-vous de me donner des armes.

(*Léontine charge des arquebuses et les passe à Hélène; celles donne à mesure à Gérard Daviller qui tire sur l'ennemi. Les femmes, les vieillards et les enfans apportent sans re-*

lâche des munitions et des objets de défense. Les assiégés repoussent les assaillans par tous les moyens possibles ; ils renversent les échelles ; le courage des habitans est porté jusqu'au délire.)

GÉRARD DAVILLER.

Bien, mes enfans, continuez ; redoublez vos efforts.

(*Dans ce moment une des tours du fond, celle de gauche, ébranlée par l'effet d'une mine, s'écroule avec un horrible fracas. Sa chûte ouvre une brèche considérable et ses débris facilitent l'entrée aux Bourguignons que l'on voit monter des fossés et se précipiter en foule dans la citadelle à travers la fumée.*)

SCENE XIV.

THIERRY, GÉRARD DAVILLER, CHARLES, LÉONTINE, MARCELIN, HÉLÈNE, Soldats Bourguignons, Soldats Lorrains, Habitans.

(*Les Bourguignons se jettent sur les soldats et les habitans. Après un combat terrible les malheureux Lorrains sont désarmés ; on leur présente la mort de tous côtés.*)

CHARLES, *entrant par la brèche et l'épée à la main.*

Orgueilleux Lorrains ! il vous coûtera cher l'honneur de m'avoir résisté. L'épouvantable vengeance que je vais exercer sur vous et votre ville servira d'exemple à celles qui seraient tentées de vous imiter. Vous périrez tous. Mais comme une seule mort serait trop douce pour les insensés qui vous ont excités à une résistance coupable, ceux-là ressentiront doublement les effets de ma colère. Le gouverneur, sa fille et cet enfant (*ici Léontine se rapproche d'Hélène et cache entièrement son fils avec son jupon*), que l'on a eu la témérité d'enlever de mon camp, mourront les premiers et l'un après l'autre. Je veux que le coup qui les frappera séparément retentisse en même tems au cœur des objets de leur affection. Que l'on m'amène d'abord cet insolent gouverneur qui a eu l'audace de rejeter mes offres , et dont les discours séditieux ont retardé de deux mois la prise de cette ville.

GÉRARD DAVILLER.

Duc de Bourgogne...

LÉONTINE, *se jetant au-devant de son père et le repoussant comme s'il était un simple soldat. Cette méprise est d'autant plus vraisemblable que Gérard Daviller n'a plus aucune marque distinctive.*

Malheureux! (*bas*) Ah! pardonnez-moi. (*haut*) Je te défends de dire où il est. Que t'a fait mon père pour le livrer à la rage d'un vainqueur inhumain? comment a t-il mérité de ta part cette insigne trahison? Retourne avec tes camarades et attends en silence que l'on prononce sur ton sort, ou plutôt tu es blessé, tu souffres, va réclamer les secours dont tu as besoin. (*bas.*) Cèdez à ma prière, je vous le demande au nom de mon fils. (*Elle le pousse doucement. Thierry l'entraine de l'autre côté. Il disparaît.*)

SCÈNE XV.

LEONTINE, CHARLES, HELÈNE, MARCELIN.

CHARLES.

La voilà donc cette Léontine si redoutable et qui avait juré, dit-t-on, de venger dans mon sang la mort de son époux!

LÉONTINE.

Oui, Charles, c'est moi. Peut-être encore tiendrai-je ma parole.

CHARLES.

Cette jactance devrait n'exciter que ma pitié, cependant elle m'irrite. C'est par toi que je vais commencer; je veux voir comment tu supporteras l'aspect du supplice de cet enfant si cher, que tu as eu l'audace de me ravir. Je suis curieux de savoir si tu as en effet autant de courage qu'on le dit. Que l'on approche une pièce de canon.

LÉONTINE, *courant à son fils et l'embrassant de toute sa force.*

Oh! mon dieu, que va-t-il ordonner ?

(*La terreur est à son comble. Tout le monde attend en silence et avec effroi que le Duc poursuive ; l'ordre qu'il a donné s'exécute. On roule effectivement une grosse pièce montée sur un affût de rempart.*)

CHARLES.

Là. (*il la fait placer à gauche.*) Que l'on attache cet enfant ici. (*il indique une borne en fer qui est à l'angle de la rue, et à laquelle pend une chaîne.*) Obéissez. (*Léontine veut défendre son fils, on le lui enlève et on l'attache. Les habitans en pleurs, se jettent aux genoux de Charles et sollicitent sa clémence ; il les repousse. Thierry va puiser de l'eau dans ses mains à la fontaine qui est tout près et vient la répandre sur la lumière du canon dont il ôte la mèche. Tous les soldats Bourguignons étant occupés à repousser les habitans, n'ont pu voir ce mouvement.*) Maintenant, que l'on mette le feu à ce canon. (*Léontine se jette au-devant du canon entre la pièce et son fils ; le soldat qui porte la mèche témoigne de la pitié et balance.*) Ah! tu hésites!... eh bien, c'est moi qui... (*Il arrache la mèche des mains du soldat.*)

MARCELIN, *étendant les bras vers sa mère.*

Maman !

~~~~~~

SCENE XVI.

CHARLES, PHILIPPE DE COMMINES, LÉONTINE, MARCELIN, HÉLÈNE.

PHILIPPE DE COMMINES, *paraît sur la brèche, s'élance vers Charles, lui arrache la mèche qu'il jette loin de lui, délie l'enfant et le remet dans les bras de sa mère.*

Charles, mon Prince ! qu'allez-vous faire ? faut-il donc que toutes vos actions soient empreintes de sang ? n'est-ce donc que sur les larmes et les débris des nations que vous voulez fonder le monstrueux édifice de votre grandeur ?... Ces cendres fumantes et tous ces hommes qui viennent de payer de leur vie cette triste conquête, n'ont-ils donc point assouvi l'insatiable soif de destruction qui vous tourmente ?

CHARLES.

Les maux que tu déplores sont la suite inévitable de la guerre.

PHILIPPE DE COMMINES.

Et vous pouvez les contempler de sang froid ces affreux tableaux ? ah ! si la guerre peut légitimer de telles horreurs, le souverain qui, comme vous, la provoque sur des prétextes frivoles, pour s'y livrer avec passion, n'est-il pas le plus cruel ennemi des hommes ? Ah ! mon Prince, pour la dernière fois j'embrasse vos genoux ; ouvrez votre cœur à la pitié, à l'humanité, à la clémence ; toutes ces vertus vous crient par ma voix de faire grâce, d'arrêter cette trop longue effusion de sang. Cessez des massacres inutiles. Il faut que vous me le promettiez ; l'honneur l'exige et votre ami en pleurs vous le demande.

CHARLES.

Que je pardonne à ces habitans dont la coupable résistance a fait périr le tiers de mon armée !

PHILIPPE DE COMMINES.

Ils ont usé du droit d'une défense légitime. Pardonnez leur.

CHARLES.

Non, jamais. Qu'ils soient décimés.

PHILIPPE DE COMMINES.

Toujours des victimes !... un acte de clémence est-il donc pour vous si difficile que vous ne puissiez le consommer tout entier ? Qu'ont fait, dites-le moi, ceux qu'un sort cruel désignera, qu'ont-ils fait de plus que les autres pour être frappés de mort ? Ah ! révoquez aussi cette seconde sentence.

CHARLES.

Ne l'espérez pas.

PHILIPPE DE COMMINES.

Encore un effort et vous serez digne de vous même.

CHARLES.

N'insistez pas, Commines. Je jure sur mon épée que cet arrêt recevra dans le jour son exécution.

PHILIPPE DE COMMINES.

Et moi, je jure Dieu de rompre dès aujourd'hui tous les liens qui m'attachaient à vous. En restant plus long-tems auprès d'un prince sanguinaire, je deviendrais aux yeux du monde entier le complice des actions par lesquelles il se déshonore. Je n'en fus que trop long-tems le témoin, mais je me flattais intérieurement de triompher de votre penchant au mal et j'étais fier de remplir avec succès cette glorieuse mission à laquelle je m'étais volontairement dévoué. Vain espoir ! ce cœur endurci n'est plus accessible qu'aux passions haineuses et aux fureurs de la vengeance. Puisqu'il m'est impossible de le ramener à des sentimens généreux, j'abandonne à jamais votre cour. Le Roi de France m'appelle, il m'offre sa confiance et son amitié; je les accepte enfin. Adieu, Charles. En vous quittant mon cœur est déchiré ; oui, je ne le cache point, un funeste pressentiment m'annonce que je ne vous verrai plus, qu'une fin prématurée interrompra bientôt le cours de vos sanglans exploits.

CHARLES.

Téméraire ! tu abuses étrangement des prérogatives de l'amitié dont ton maître t'honore. Tremble ! je puis d'un mot...

PHILIPPE DE COMMINES.

Me joindre à vos innombrables victimes? sans doute. Que sera pour vous un meurtre de plus ? Ah ! je l'invoque, je la demande comme votre plus grand bienfait cette mort dont vous me menacez, puisqu'alors je ne serai plus témoin de vos crimes. Je serai fier de la recevoir en plaidant la cause de l'humanité : j'aurai défendu votre gloire jusqu'au dernier soupir. Oui, conquérir la haine, amasser les vengeances, prodiguer le sang et les trésors, armer contre vous tous les

Charles le Téméraire.   9

peuples voisins, troubler la paix du monde et vous rendre célèbre en faisant des milliers de malheureux, voilà ce qu'auront produit votre insatiable ambition et votre passion effrenée pour la guerre. Vous aurez passé comme un torrent pour ravager la terre, et non comme un fleuve majestueux pour y porter l'abondance et la prospérité. Les mères, les épouses ne prononceront votre nom qu'avec horreur, tandis qu'en vous montrant docile aux conseils de la sagesse, vous auriez pu devenir l'idole de vos sujets, la gloire de votre ami, et mourir regretté. Frappez, maintenant, ou permettez que je m'éloigne.

CHARLES, *avec émotion.*

Restez, Commines, je n'autorise point votre départ.

LÉONTINE, *bas à Philippe de Commines.*

De grâce, Seigneur, ne nous livrez pas sans défense à sa férocité.

PHILIPPE DE COMMINES.

Pauvre mère ! que je vous plains.

CHARLES.

Cependant vous tenteriez en vain d'arrêter le cours de ma justice ; j'ai fait assez pour vous ; un exemple est nécessaire. Il est certains coupables auxquels je ne puis, je ne dois point pardonner. Que l'on place les habitans sur une seule ligne : un héraut d'armes va les compter ; tous ceux que le nombre dix atteindra, seront marqués du sceau de la mort et livrés de suite au Prévôt.

PHILIPPE DE COMMINES, *faisant un mouvement pour partir.*

Je ne puis être témoin de pareilles horreurs.

CHARLES.

Demeurez, Commines, je vous l'ordonne.

(*Commines cache sa figure avec ses mains.*)

SCENE XVII.

THIERRY, GERARD DAVILLER, CHARLES, PHILIPPE
DE COMMINES, LEONTINE, MARCELIN, HELÈNE,
Soldats Bourguignons, Soldats Lorrains, Habitans.

*(On amène les habitans et on les place en effet sur une seule
ligne qui commence dans la rue à gauche, descend près
de la fontaine, forme un demi cercle d'un rempart à
l'autre en passant devant la porte de la ville et s'étend à
droite dans la rue Bazin. Léontine est restée à genoux
dans le milieu du théâtre comme anéantie, elle tient toujours son fils et voudrait pouvoir le cacher dans son sein;
Elle semble avoir perdu le sentiment.)*

Héraut d'armes, faites votre devoir.

*(Le héraut d'armes s'avance et compte lentement en com-
mençant par le premier à gauche.)*

Un, deux, trois, quatre, cinq, six, sept...

*(Léontine lève machinalement la tête et voyant que Gé-
rard Daviller se trouve le dixième, s'élance et vient se
placer dans la ligne à la droite de son père. Le héraut
continue.)* Huit, neuf, dix. *(L'airain funèbre annonce que
la victime est désignée. C'est Léontine.)*

GÉRARD DAVILLER.

Qu'as-tu fait, ma fille?

LÉONTINE.

Mon devoir.

CHARLES.

Le voilà donc cet audacieux!

GÉRARD DAVILLER.

Ah! laisse-moi perdre une existence inutile.

LÉONTINE.

Non, mon père, c'est à moi de mourir.

PHILIPPE DE COMMINES.

Quel tableau déchirant !

GÉRARD DAVILLER.

Charles, je t'offre ma vie pour racheter celle de ces habitans déjà trop malheureux.

CHARLES.

Continue, héraut.

(*Le héraut d'armes recommence à compter. La deuxième
fois le nombre dix tombe sur un vieillard que l'on fait
sortir du rang, et la troisième sur Marcelin. L'airain funèbre apprend à Léontine que son fils est appelé à partager
son sort.*)

LÉONTINE.

Mon fils! O ciel!.. accorde lui la vie.

CHARLES.

Non.

LÉONTINE.

Que t'a fait cet enfant pour mériter ta haine?

CHARLES.

Il appartient à une famille qui m'est odieuse.

LÉONTINE.

Auras-tu bien l'affreux courage de le faire périr sous mes
yeux ? Le desir de venger la mort de mon époux et d'un fils
que je croyais à jamais perdu, alluma dans mon cœur une haine
violente dont je n'ai pas su toujours maîtriser l'élan ou les expressions, mais si je t'offensai, est-ce un enfant qu'il en faut
punir? N'est-ce pas ajouter à un premier crime un forfait inutile et bien moins excusable? J'ai mérité, que dis je? j'ai provoqué ta colère; hé bien, que j'en supporte seule les effets.
Invente des supplices nouveaux, fais-moi subir des tortures
épouvantables ; rien ne saura m'effrayer ; je supporterai
tout avec courage : tu me verras sourire au milieu des tour-
mens; mais au nom du ciel, épargne mon fils. Je suis mère,
Charles, et tu vois à mon abaissement, à l'oubli de ma fierté,
à mes sanglots, que ce sentiment l'emporte sur tous les autres.

CHARLES.

J'ai prononcé, l'arrêt est immuable.

PHILIPPE DE COMMINES.

Quoi, seigneur, vous pouvez être insensible à ce touchant désespoir ?

CHARLES.

Silence, Commines. Héraut, poursuis le dénombrement.

LÉONTINE, *bas à son père.*

Le ciel m'inspire..... nous sommes sauvés. (*Haut, avec une énergie qui tient de l'égarement, mais à travers laquelle doit percer son intention*). C'est inutile. Puisque rien ne peut toucher ce cœur endurci, donnons à l'univers un grand exemple de dévouement. Charles, je t'ai dit à l'instant que ta vie était entre mes mains, je vais te le prouver. Mon père et moi avions prévu la possibilité de notre défaite, et connaissant ta barbarie nous avons voulu épargner à nous et à nos braves concitoyens l'ignominie du supplice que tu nous réserves. Nous allons périr tous ensemble. Et toi aussi, Charles, tu vas trouver la mort sur ces débris fumans. (*Les Bourguignons qui garnissent la brèche et les remparts dirigent spontanément leurs armes contre les Lorrains*). Rien ne peut l'y soustraire. Quarante tonneaux de poudre placés sous cette porte, vont, à un signal donné, faire sauter la citadelle, et nous engloutir sous ses ruines. Fuis, fuis généreux Commines, il est juste que tu sois excepté de cette épouvantable réunion. Fuis, te dis-je. (*Aux Lorrains*). Entourez le duc de Bourgngne ; faites un rempart de vos corps, qu'il ne puisse s'échapper. Je m'attache à toi, Charles. C'est moi qui veux t'entraîner dans la tombe. Mon père, donnez le signal. (*En effet, elle a saisi le bras de Charles, et s'attache à lui. Il est entouré par les Lorrains qui se sont élancés de leur place. Gérard Daviller fait un mouvement comme s'il entrait dans l'intention de sa fille. Tout cela doit être brûlant de rapidité. Charles n'a vraiment pas le temps de se reconnaître*).

PHILIPPE DE COMMINES.

Arrête, Daviller.

CHARLES, *qui seul est demeuré impassible.*

Pourquoi l'arrêter ? on-croirait que je redoute le trépas.

Qu'importe à celui qui l'a mille fois affronté sur le champ de bataille, de le recevoir sur la brèche? c'est le sort des héros.

PHILIPPE DE COMMINES.

Charles, ce n'est pas pour te soustraire à une mort inévitable que je veux tenter un dernier effort et ramener ton cœur à la clémence. Tu sais mourir. Hélas! l'univers ne l'a que trop appris. Cette valeur bouillante qui t'a fait surnommer *le Téméraire*, est trop connue pour que je cherche à détourner le coup qui te menace, si ce trépas devait ajouter à ta gloire militaire ou effacer les fautes de ta vie. Mais, ici, c'est un acte inutile de désespoir provoqué par ta barbarie, et qui couvrira ton nom d'une honte éternelle. Tu n'as plus maintenant le droit de choisir. Ce n'est plus pour ce peuple généreux que je t'implore. C'est sur toi, c'est sur ta mémoire, que tu vas souiller d'infamie, que je veux exciter ta sollicitude. Tu deviens responsable, aux yeux de l'univers, de l'horrible massacre que tu vas provoquer. Charles, mon maître, mon ami, car je promets de l'être encore si tu condescends à ma prière, respecte ce magnanime dévouement; il est digne de ton admiration. Cette citadelle est détruite, ainsi la ville ne peut manquer de tomber en ton pouvoir. Accorde à ces braves une trêve de quinze heures, pendant laquelle on n'aura pas le tems de réparer les brèches. Si, ce terme expiré, ils ne sont point secourus, ils t'ouvriront leurs portes. Je t'en fais la promesse en leur nom.

GÉRARD DAVILLER.

Je la ratifie de grand cœur.

PHILIPPE DE COMMINES.

D'ici là même, il est de ta générosité de leur envoyer des subsistances. Si le duc René se présente, tu le combattras; et celui qui sortira vainqueur de cette lutte glorieuse dictera des lois équitables, auxquelles son adversaire obéira sans murmure. Voilà ce que te conseillent, par ma voix, l'humanité, l'honneur, ta gloire et l'amitié.

CHARLES, *se tourne vers les soldats, et ordonne la retraite.*
Commines lui baise la main. Par un mouvement spontane
tous les habitans se précipitent aux pieds de Commines
qui les relève avec attendrissement.

Je vais vous envoyer des vivres. Il est cinq heures : demain,
à huit heures du matin, la trêve expire. (*Il sort suivi de ses*
soldats. Philippe de Commines s'éloigne le dernier, comble
des bénédictions de tout un peuple qu'il vient d'arracher au
trépas.)

GÉRARD DAVILLER, *tend les bras à sa fille qui s'y précipite.*

O ma fille, nous te devons la vie !

(*Tous les Lorrains se jettent à genoux à l'avant-scène, et*
rendent grâce au ciel de l'heureux succès du stratagême de
Léontine. Les Bourguignons défilent par la porte du fond.
La toile tombe.

Fin du deuxième acte.

ACTE III.

Le Théâtre représente un appartement gothique dans Palais des ducs de Lorraine (1). Deux portes latérales. Au fond une grande croisée ogive en vitraux de couleur. La scène n'est éclairée par deux lampes posées sur une table, à gauche.

SCENE PREMIERE.

MARCELIN, LÉONTINE.

(Au lever du rideau, Marcelin est endormi dans un fauteuil. Léontine, vêtue en guerrier, entre et vient baiser son fils sur le front.)

MARCELIN, *s'éveille en sursaut.*

Oh ! mon dieu !

LÉONTINE.

Je t'ai fait peur. Tu as cru voir un soldat. Pendant ton sommeil, j'ai pris cet habit pour accompagner ton grand papa dans la visite des postes. (*à part.*) Tel est du moins le prétexte dont je me suis servi pour exécuter un dessein plus sérieux.

MARCELIN.

Maman, où sommes-nous donc ?

LÉONTINE.

Mon ami, nous sommes dans le palais des Ducs de Lorraine.

MARCELIN.

Est-ce qu'il est à toi le palais des Ducs de Lorraine ?

---

(1) Cet édifice nommé *palatium antiquum* était alors dans l'emplacement actuel de l'hôtel de la monnaie.

LÉONTINE.

Non, mon ami. Mais en sa qualité de gouverneur, et en l'absence du prince, ton grand-papa est venu s'y établir jusqu'à ce que le sort de la ville soit décidé. Tu sais bien d'ailleurs que notre maison est brûlée.

MARCELIN.

Et que, sans toi, petit Marcelin le serait aussi.

LÉONTINE.

Cher enfant ! que serait devenue ta pauvre mère ? (*elle l'embrasse*).

SCENE II.

LÉONTINE, MARCELIN, GÉRARD DAVILLER.

MARCELIN.

J'entends quelqu'un. (*Il court au fond*). C'est grand-papa. (*Il fait mille caresses à Gérard Daviller qui les lui rend.*)

LÉONTINE.

Qu'avez-vous mon père ? vous semblez oppressé. Je vois briller des larmes dans vos yeux.

GÉRARD DAVILLER.

Celles-là ne font point de mal ; ce sont des larmes de joie. Chère Léontine, je n'éprouvai jamais une plus douce satisfaction. Si mon âme avait cruellement souffert de ne pouvoir offrir aux malheureux habitans de Nancy les secours qu'ils demandaient, et que j'aurais voulu leur donner au prix de mon sang, juge quelle a dû être mon ivresse lorsque j'ai pu leur porter, non pas des vœux inutiles ou ces alimens infects auxquels nous avons été réduits pendant deux mois, mais une nourriture saine, et cette liqueur bienfaisante dont ils avaient perdu l'usage.

LÉONTINE.

Ah ! votre cœur m'est connu.

Charles le Téméraire.   10

GÉRARD DAVILLER.

J'ai voulu présider moi-même à cette intéressante distribution. A mesure que le convoi est entré dans la ville, je l'ai di-
rigé vers les différens quartiers, et m'y suis transporté pour
que chacun y eut une portion égale à ses besoins. Je n'essaierai
pas de décrire cette scène; il faut l'avoir vue pour apprécier les
sentimens qu'elle a fait naître. Ce n'était plus comme hier de
lugubres gémissemens, des cris lamentables, l'image multi-
pliée de la mort se présentant sous des formes hideuses ; ce secours inattendu, la prochaine arrivée de notre prince, avaient
donné à la ville un tout autre aspect, tant il est vrai que la seule
espérance du bonheur suffit pour rendre à l'âme toute son
énergie. Ces ombres échappées, comme par un miracle, à un
trépas inévitable, s'élançaient de tous côtés et me nommaient
leur ange tutélaire. Généreux Commines, c'est à toi que ce
bienfait est dû; c'est à toi qu'appartenait cette précieuse récompense; mais si je l'ai reçue en ton nom, c'est pour te la restituer
tout entière. Partout je t'ai proclamé le sauveur de notre ville.
Va, si ton rare génie t'assure une place distinguée dans l'histoire, le souvenir de tes vertus qui se transmettra d'âge en âge,
t'en promet une non moins glorieuse et plus desirable dans le
cœur des Lorrains.

SCÈNE III.

LÉONTINE, MARCELIN, DAVILLER, THIERRY.

THIERRY.

Monsieur le gouverneur, je vous apporte, comme de coutume, les clefs de la ville. Voilà celle de la porte Saint-Nicolas,
et celle de la poterne Saint - Jean. J'ai accompagné jusqu'au-
delà des remparts, les conducteurs du convoi, à l'exception
d'un seul que je viens de voir causer avec dame Hélène, dans
une salle basse. C'est, je crois, celui qui était chargé de dé-
poser au palais plusieurs tonneaux de vin de Bourgogne d'une

qualité supérieure, et qui vous étaient adressés particulièrement.

LÉONTINE.

Sans doute, c'est encore un bienfait de Philippe de Commines.

THIERRY.

Ces conducteurs m'ont appris une nouvelle qui m'a fait le plus grand plaisir ; c'est que du second coup de ma couleuvrine, j'ai eu le bonheur de démonter le commandant Galliot. C'était juste ; je le lui avais promis. Il faut tenir sa parole.

GÉRARD DAVILLER.

C'est fort heureux pour nous ; car s'il avait accompagné le duc de Bourgogne, à coup-sûr Philippe de Commines n'en aurait pas obtenu des conditions aussi avantageuses.

THIERRY.

Je vous en réponds. Ces gens m'ont dit qu'il était entré dans une colère épouvantable en apprenant ce qui s'est passé, et qu'il avait eu à ce sujet une altercation très-vive avec le duc.

LÉONTINE.

Profitez de ce moment d'inaction, mon père, pour prendre un repos que les secousses violentes de la journée ont rendu bien nécessaire. Votre cœur n'a plus rien à desirer ; en portant vous-même à vos nombreux enfans l'espérance et la vie, vous avez fait plus que votre devoir ; accordez maintenant à votre fille la grâce qu'elle sollicite.

MARCELIN.

Nous veillerons pour toi, bon papa.

THIERRY.

La trêve n'expire qu'à huit heures du matin ; d'ici là, Monsieur le Gouverneur peut se livrer au sommeil avec sécurité. Quant à moi, je suis à mon poste, et ne le quitterai pas de la nuit, vous pouvez y compter. Je tiendrai des feux allumés sur la tour de Saint-Epvre. Ce signal de détresse ne peut manquer d'être aperçu de l'armée auxiliaire ; il hâtera sa marche. Dans la position critique où nous sommes, tous les instans sont précieux. Un quart-d'heure peut nous sauver. Ah

je mourrais satisfait si j'avais la certitude glorieuse d'avoir accé-
léré la délivrance de mon pays. (*Il sort.*)

SCENE IV.

LÉONTINE, MARCELIN, GÉRARD DAVILLER.

MARCELIN.

Mais va-t-en donc, bon papa, tu n'auras pas le tems de
dormir.

LÉONTINE.

Il a raison, retirez-vous, mon père, et n'oubliez pas ces
clefs que vous êtes dans l'usage de placer chaque soir sous
votre chevet.

GÉRARD DAVILLER.

Mais toi, Léontine, ne vas-tu pas aussi dans l'appartement
qui t'est destiné? Tu n'as pas moins éprouvé de fatigue que
moi.

LÉONTINE.

Oh! je ne la sens plus. J'ai retrouvé mon fils, je vous vois
plus calme, l'avenir se présente sous un aspect moins lugubre,
laissez-moi jouir d'une situation que je n'osais plus espérer.
Si je m'endors au milieu de ces illusions consolantes, et qu'un
songe fâcheux me rappelle à l'existence, je verrai Marcelin,
je le presserai sur mon cœur, une de ses caresses aura dissipé
bientôt cette impression douloureuse.

GÉRARD DAVILLER.

Je te laisse donc et vais me jetter tout armé sur un lit de
repos. Bon soir, mes enfans. (*Il prend une lampe, puis il embrasse Léontine et Marcelin qui le conduisent jusqu'à l'appartement de droite.*)

~~~~~~

SCENE V.

LÉONTINE, MARCELIN.

MARCELIN.

Maman, j'ai entendu dire à Hélène qu'elle a préparé un lit pour toi.

LÉONTINE.

Oui, là bas. (*Elle montre le côté où est allé son père.*) Mais elle a pris une peine inutile. La nuit sera bientôt écoulée et nous serons à merveille dans ce fauteuil.

MARCELIN.

A condition que tu me prendras sur tes genoux ?

LÉONTINE.

Oui, cher enfant. (*Elle le met sur ses genoux.*)

MARCELIN.

Je dormirai bien, là.

LÉONTINE.

Bon soir, mon ami. (*Elle l'embrasse et se dispose à dormir.*)

~~~~~~

SCENE VI.

MARCELIN, LÉONTINE, HELÈNE.

HÉLÈNE, *entre par la gauche, elle a l'air effaré, la voix tremblante et entrecoupée ; tout en elle manifeste le plus violent effroi. Cette scène doit être dite à demi-voix.*

Ah! madame, je ne sais si j'aurai le tems et la force de vous dire...

LÉONTINE.

Qu'est-ce, bonne Hélène ?

HÉLÈNE.

Une épouvantable trahison. Est-il possible que sous l'apparence d'un bienfait on cache des intentions aussi perfides?

LÉONTINE.

Explique-toi.

HÉLÈNE.

Galliot, ce méchant Napolitain qui voulait tout mettre à feu et à sang...

LÉONTINE.

Eh bien ?...

HÉLÈNE.

Il est ici.

LÉONTINE.

Ici !

HÉLÈNE.

Dans ce palais.

LÉONTINE.

Qu'y vient-il faire ?

HÉLÈNE.

Nous égorger. Hélas ! par une imprudence que je ne saurais me pardonner, j'ai involontairement servi ses projets.

LÉONTINE.

O ciel! comment se peut-il ?

HÉLÈNE.

Après avoir déposé sous le vestibule, les tonneaux destinés à votre père, le conducteur de ce convoi est entré dans une salle basse où j'étais alors, et me montrant une blessure qui paraissait le faire beaucoup souffrir, il m'a demandé la permission de passer le reste de la nuit dans un coin de l'écurie, auprès de ses chevaux. Ne voyant aucun danger à le satisfaire, j'ai eu la faiblesse d'y consentir et j'en suis inconsolable. J'ai vu rentrer notre brave Gouverneur ; une douce joie était empreinte sur son front; Thierry, en sortant, a confirmé par un mot mes espérances; cette apparente sécurité m'invitant à me livrer au sommeil, je suis entrée, sans lumière, dans une petite chambre dont la croisée donne sous le vestibule. Par bonheur cette croisée était entr'ouverte. Je commençais à m'assoupir lorsque mes oreilles furent frappés de ces mots, prononcés à voix basse : « Commandant, où êtes-vous ? — Ici, répond une voix sourde et qui semble partir de l'un des tonneaux. Tremblante, éperdue, je me lève, j'écoute, et j'entends cette conversation qui m'a fait frissonner, s'établir entre Galliot et le perfide conducteur, car c'était lui qui venait de lever le couvercle du tonneau qui recelait notre cruel ennemi : » Tout » le monde est-il rentré ? — Oui, commandant, le Gouver- » neur, Léontine et son fils sont là haut, dans leur apparte- » ment. — Peux-tu nous y conduire, ou du moins nous l'in- » diquer ? — Très - facilement. La croisée donne sur la » cour. — Sais-tu s'il y a beaucoup de monde dans le palais ? » — Personne, heureusement. Les domestiques sont occupés » à distribuer des secours dans la ville ; les soldats étant excédés » de fatigue, le Gouverneur n'a point voulu de garde cette » nuit et les a tous renvoyés dans leur quartier. — Ainsi nous » n'avons pas de résistance à craindre? — Aucune, comman- » dant. — Pour éviter toute surprise, va fermer la porte qui » donne sur la rue et tu m'en apporteras la clef. Pendant ce tems, » je délivrerai tes camarades de leur étroite et incommode prison. » —J'y vais, commandant. » L'affreuse certitude de votre danger me glace d'horreur et d'effroi, cependant je rassemble mes forces et parviens, en me traînant le long des degrés, jusqu'à cet appartement où le ciel permet que j'arrive assez tôt pour vous pré - venir, ou pour recevoir la mort avec vous.

LÉONTINE.

Garde mon fils. Attends - moi, je cours éveiller mon père. (*Elle prend la lampe pour aller dans l'appartement de droite. On entend remuer fortement la croisée.*) Il est trop tard. (*Elle éteint la lampe et se blottit à gauche avec Hélène et Marcelin.*)

SCÈNE VII.

MARCELIN, HÉLÈNE, LÉONTINE, JACQUES GAL-
LIOT, six Soldats Bourguignons.

*(On ouvre un panneau de la croisée en brisant quelques
vitraux et passant la main en dedans. Jacques Galliot
entre le premier au moyen d'une échelle placée en dehors.)*

JACQUES GALLIOT, *aux soldats qui sont dans la cour.*

Montez bien doucement. (*Six hommes montent , Galliot
les compte à mesure qu'ils entrent.*) Bon, nous voilà tous.
Claude, sommes-nous dans la chambre du Gouverneur ?

UN SOLDAT, *qui est censé le conducteur du convoi.*

Non, commandant, elle est plus éloignée.

JACQUES GALLIOT , *à voix basse.*

Avant de nous y rendre, il faut que vous sachiez dans
quelle intention j'ai demandé six hommes bien déterminés.
En vous le disant plutôt vous auriez hésité peut-être, maintenant il n'est plus permis de reculer. Ecoutez-moi. Charles,
votre maître et le mien, n'a pas été plutôt de retour dans son
camp qu'il s'est repenti d'avoir cédé aux instances de ce Commines
que je déteste. Il était furieux surtout de n'avoir pu assouvir la
juste haine qu'il a vouée au gouverneur et à sa famille, mais je
lui ai prouvé par des raisonnemens sans réplique et par de bons
exemples que l'humanité exigeait qu'il ne compromît point
l'existence de plusieurs milliers d'hommes lorsqu'il pouvait terminer cette querelle par une ruse innocente et le sacrifice de
quelques individus. En un mot, je lui ai offert de le délivrer
de toute cette famille et de lui apporter les clefs de la ville. Il
ne pouvait qu'approuver ce trait de ma politique et m'a laissé
tout pouvoir. Quinze cents écus d'or (1) seront le prix de ce

---

(1) L'écu d'or valait 10 l. 19 s. 5 d. de notre monnaie.

double service ; chacun de vous en recevra trente, le reste est à moi.

LÉONTINE, bas à Hélène.

Prends mon fils et tâche de t'échapper avec lui par le grand escalier. (<i>Hélène se dispose à exécuter cet ordre, mais avec beaucoup de précaution.</i>

JACQUES GALLIOT.

Claude? de quel côté faut-il que nous allions ?

LE MÊME SOLDAT.

Attendez que je me rappelle les êtres. Autant qu'il m'en souvienne, nous sommes dans un vestibule, près du grand escalier dont la porte est là.. à droite.

JACQUES GALLIOT.

Il est essentiel de nous emparer de cette porte. Tu resteras auprès afin de nous assurer une double retraite. (<i>Claude qui était à la droite de Jacques Galliot va près de la porte. Léontine et Hélène sont au désespoir de se voir enlever ce moyen de fuir.</i>) Que l'un de vous se charge aussi de cette grosse clef de la porte qui donne sur la rue. Elle m'embarrasse, je ne sais où la mettre. Prenez donc... (<i>Deux soldats tendent le bras ; mais Léontine plus prompte s'avance, cherche dans l'ombre et se saisit de la clef. Elle la remet à Hélène et lui ordonne de descendre dans la cour au moyen de l'échelle appliquée en dehors et par laquelle les Bourguignons se sont introduits. Ce qui s'exécute à l'instant.</i>)

HÉLÈNE, bas à Léontine.

Est-ce que vous ne venez pas ?

LÉONTINE, de même.

Et mon père !

(<i>On voit, autant que l'obscurité le permet, Hélène monter sur la croisée, se placer sur l'échelle, recevoir Marcelin des mains de sa mère et disparaître. Léontine se jete à genoux et lève les mains vers le ciel.</i>)

JACQUES GALLIOT, à ses gens.

Immolez sans pitié tout ce que vous rencontrerez et qui tenterait de s'opposer à l'exécution de mon projet.

LE MÊME SOLDAT.

Commandant, vous n'oublierez pas que les clefs de la ville sont sous le chevet du gouverneur.

JACQUES GALLIOT.

Marchons.

LE MÊME SOLDAT.

La porte à gauche.

LÉONTINE, *criant de toute sa force.*

Réveillez-vous, mon père, fuyez, on en veut à vos jours.

JACQUES GALLIOT.

O bonheur ! C'est Léontine. (*Il se saisit d'elle.*) Silence ! Conduis-nous vers Daviller, ou ce poignard...

LÉONTINE.

Frappe. Crois-tu qu'une fille puisse indiquer aux assassins de son père le lieu de sa retraite ?

JACQUES GALLIOT.

Tu n'as que ce moyen de conserver tes jours.

LÉONTINE.

Bien vrai ?

JACQUES GALLIOT.

Je le jure par l'enfer. Silence !..

LÉONTINE, *criant encore plus fort.*

Réveillez-vous, mon père, et fuyez.

JACQUES GALLIOT.

J'avais voulu t'épargner, mais tu ne méritais pas cette exception. Je t'abandonne à leurs coups, et Daviller ne perira pas moins.

LÉONTINE.

Détrompez-vons. A présent mon père est sauvé. Un escalier dérobé l'a soustrait à votre rage.

JACQUES GALLIOT.

Nous sommes maîtres de toutes les issues.

LÉONTINE.

Détrompez-vous encore. Un être fidèle vient de s'échapper d'ici pour appeler du secours.

JACQUES GALLIOT.

Il ne pourra sortir du palais. J'ai eu la précaution d'en conserver la clef.

LÉONTINE.

A l'instant même je viens de te la ravir. Bientôt le tocsin vous apprendra qu'il ne vous reste aucun espoir de salut. La fuite même ne vous soustrairait pas maintenant à notre juste vengeance. (*Le tocsin sonne dans l'éloignement.*) L'entendez-vous ? Il annonce votre perte. Frappez maintenant, je suis fière de mourir.

JACQUES GALLIOT.

Implacable ennemie ! tu ne jouiras pas de ce triomphe. Reçois-la donc cette mort que tu désires.

Tous s'élancent vers Léontine.

PHILIPPE DE COMMINES, *jetant son casque, son manteau et se plaçant devant Léontine qu'il défend de son épée.*

Frappez auparavant l'ami de votre maître.

JACQUES GALLIOT, *confus.*

Philippe de Commines !   *Les soldats reculent.*

PHILIPPE DE COMMINES.

Oui misérable, c'est Philippe de Commines, qui instruit par Charles lui-même du nouvel acte de scélératesse que tu méditais, a pris ce déguisement pour se mêler à tes complices, et vous ordonne de respecter cette femme, le modèle de son sexe.

JACQUES GALLIOT.

Tu t'abuses étrangement, Commines, si tu t'es flatté de nous vaincre par ton éloquence. Nous ne sommes pas ici au Conseil. C'est le fer à la main qu'il faut nous prouver ta supériorité.

(Il se met en devoir de l'attaquer.)

SCENE VIII.

LÉONTINE, PHILIPPE DE COMMINES, GÉRARD DA-
VILLER, HÉLÈNE, THIERRY, JACQUES GALLIOT,
Soldats Lorrains, Habitans de la ville, Soldats Bourguignons.

(*On entend un grand bruit. Les portes sont enfoncées.
Des soldats Lorrains et des habitans portant des flambeaux se précipitent en foule et terrassent les Bourguignons.*)

HÉLÈNE, *désignant Claude.*

Le voilà, le voilà, ce maudit conducteur... Ne le manquez
pas. (*Jacques Galliot veut s'esquiver par la fenêtre, mais il est
arrêté par Thierry qui parait au haut de l'échelle et le couche en joue avec une arquebuse.*)

THIERRY.

Non pas, s'il vous plait, ou cette arquebuse achèvera ce
que la couleuvrine a commencé.

JACQUES GALLIOT, *pousse un cri de rage.*

Oh!

THIERRY.

C'est contrariant, je l'avoue, mais c'est comme cela.

GÉRARD DAVILLER.

Noble Commines... quoi?.. c'est encore à vous...

THIERRY.

Monsieur le Gouverneur, pour en finir, je vous propose de
faire pendre tous ces gaillards-là.

GÉRARD DAVILLER.

Je vous défends d'attenter à leurs jours.

THIERRY.

Vous avez tort, permettez-moi de vous le dire. Est-ce que
ces misérables sont en état d'apprécier des sentimens généreux?
cela ne fait que les enhardir. Quelque jour vous serez la dupe
de votre bon cœur.

GÉRARD DAVILLER.

Dût mon indulgence me devenir fatale, je ne me détermi-
nerai jamais à imiter des hommes que je méprise. Thierry, je
vous charge de les reconduire hors de la poterne St.-Jean.

THIERRY.

Je vous prie de me dispenser de cette commission, Monsieur
le Gouverneur; je ne vous répondrais pas de résister à la ten-
tation de les faire sauter dans le fossé en passant. Permettez
que je retourne à mon poste.   (*il sort.*)

PHILIPPE DE COMMINES.

Allez, brave Galliot!, allez reclamer auprès du duc de
Bourgogne la récompense du noble service que vous avez promis de lui rendre.

JACQUES GALLIOT.

Sensible Commines, peut-être recevras-tu bientôt celle
que je te réserve.

LÉONTINE.

Nous le défendrons à notre tour.

(*Jacques Galliot et les Bourguignons sont emmenés par les
soldats Lorrains.*)

SCENE IX.

GÉRARD DAVILLER, PHILIPPE DE COMMINES,
LÉONTINE, HÉLÈNE, Soldats Lorrains, Habitans de
la ville.

LÉONTINE.

Généreux Commines, mettez le comble à vos bienfaits en
demeurant parmi nous. Vous trouverez dans cette ville autant
d'amis sincères qu'elle contient d'habitans.

PHILIPPE DE COMMINES.

Cette offre touchante pénètre mon cœur, mais je ne puis
l'accepter, mon devoir s'y oppose. J'abandonne sans retour
un prince endurci, devenu tout-à-fait étranger à l'honneur,

mais en le quittant je ne puis étouffer entièrement cette voix
qui m'a parlé si long-tems pour lui. Votre sort m'intéresse,
mais Charles fut mon ami; je ne puis donc rester parmi vous.
dans cette conjoncture délicate, il ne m'est pas même permis
de former des vœux. Je laisse Dieu maître de décider de quelle
manière doit se terminer cette grande querelle.

GÉRARD DAVILLER.

Notre souvenir et nos bénédictions vous suivront partout.

LÉONTINE.

Puisse le bonheur accompagner vos pas!

(*Philippe de Commines sort.*)

SCÈNE X.

LÉONTINE, GÉRARD DAVILLER, HÉLÈNE.

GÉRARD DAVILLER.

Cependant nous touchons à l'expiration de la trève et
rien ne confirme les espérances que l'on nous a données. Se
pourrait-il que nous fussions réduits à l'horrible nécessité
d'ouvrir nos portes? (*Huit heures sonnent.*)

LÉONTINE.

Voilà l'heure fatale! la trève est expirée.

GÉRARD DAVILLER.

O mon dieu! tu nous abandonnes.

SCENE XI.

LÉONTINE, GÉRARD DAVILLER, THIERRY, HÉLÈNE,
Soldats, Habitans.

THIERRY *arrive en courant, il est hors d'haleine et crie en*
dehors.

Grande nouvelle! Monsieur le Gouverneur, grande nouvelle! on a répondu à nos signaux.

GÉRARD DAVILLER, LÉONTINE, HÉLÈNE.

On a répondu !

THIERRY.

Je viens de voir des feux allumés sur les tours de Saint-Nicolas. En ce moment le duc Réné attaque l'aile droite des Bourguignons. (*On entend le canon dans l'éloignement.*)

GÉRARD DAVILLER, LÉONTINE, HÉLÈNE.

Nous sommes sauvés !

LÉONTINE.

Nous allons donc le revoir, ce Prince que les malheurs de la guerre ont tenu si long-tems éloigné de nous.

GÉRARD DAVILLER.

Courez sur les remparts, réparez les brèches. A la tête de tous les combattans je veux tenter une sortie. Cette attaque imprévue dirigée sur l'aile gauche de l'armée de Charles, opérera une diversion utile, en empêchant cette partie de ses troupes de prendre part à l'action principale. Jurons sur cette bannière de n'abandonner qu'avec la vie, la cause de notre légitime souverain.

TOUS.

Nous le jurons.

(On baisse les lances et les épées sur la bannière. Ce mouvement, le cri qui l'accompagne, l'énergie avec laquelle on l'exécute à la clarté d'un grand nombre de flambeaux, doivent produire un tableau imposant. Sortie vive.)

(Le théâtre change (1) et représente l'étang Saint-Jean,

---

(1) C'est la première fois que je me permets cette violation des règles dramatiques, et j'en demande pardon à mes juges. Quoique l'on dise du mélodrame et des abus auxquels il se livre, je n'ai jamais cherché à réussir par des moyens irréguliers. Je les ai remarqué dans plusieurs drames lyriques, tels que le *Déserteur, Sargines, Richard*, etc. mais je n'ai pas cru devoir m'autoriser de ces licences pour porter un mauvais exemple sur les théâtres secondaires. J'ai constamment respecté les lois établies par les maîtres de l'art, mais dans cette circonstance, je tenais à présenter toute la vérité, et il fallait pour me conformer à l'histoire montrer le lieu même où Charles a péri. Je demande donc grace pour cette fois, sans tirer à conséquence.

mais à sec et couvert de roseaux. Ce marais doit présenter une immense étendue depuis le deuxième plan jusqu'au fond à perte de vue et sur la droite ; au deuxième plan une digue en pierre traverse géométralement le théâtre. Toute la gauche, depuis la digue jusqu'au fond, représente les remparts de la ville, vus obliquement. A droite, au premier plan, est un grand arbre isolé dépouillé de verdure, auquel on a attaché un écriteau portant ces mots: Là périt Cifron. Vengeance ! Auprès de cet arbre est la fontaine Saint-Thiebault. C'est un petit oratoire, ouvert sur le devant et grillé, au pied duquel coule une source où les malades allaient boire pour se guérir de la fièvre (1). Au premier plan, à gauche, est la poterne St.-Jean.)

SCENE XII.

LEONTINE.

(On lève la herse et Léontine sort par la poterne.)

Grace à ce déguisement me voilà hors de la ville J'ai résolu de chercher partout le Duc de Bourgogne pour le provoquer et lui donner la mort ou la recevoir de lui. C'est là que mon époux a péri. (Elle montre l'arbre isolé qui est à droite.) C'est là, (montrant le pied de cet arbre.) que je voudrais creuser de mes mains la dernière demeure de ce tigre. (Elle regarde en dehors.) O ciel! que vois-je ?.. Les Bourguignons s'avancent à travers le marais !.. encore un nouvel assaut ! Et qui le soutiendra?.. Nos guerriers ont suivi mon père... il ne reste dans la ville que des êtres faibles.. Comment les sauver?.. ah!... tout près d'ici... une écluse... quand la défense est légitime, tous les moyens sont permis avec de tels hommes. (Elle sort en courant vers la droite.)

(1) Cette décoration est conforme aux plans et aux descriptions donnés par les historiens du tems.

~~~~~~

SCENE XIII.

THIERRY, Habitans de Nancy *sur le rempart*, Soldats
Bourguignons, JACQUES GALLIOT *dans le marais.*

(*Un grand nombre de Bourguignons portant des échelles, des*
gabions, des fascines s'avance en bon ordre dans le ma-
rais. On ne leur voit que la moitié du corps. Arrivés au
pied du rempart, ils dressent leurs échelles et montent à
l'assaut. Les murailles sont garnies de femmes et de vieil-
lards qui opposent aux efforts des assiégeans toute la résis-
tance dont ils sont capables. On jette sur leur tête des pierres,
de l'huile, des tisons enflammés.)

JACQUES GALLIOT.

Courage mes amis. Notre Prince a les yeux sur nous. Nous
touchons à la victoire.

THIERRY, *sur le rempart.*

Mais tu n'en seras pas témoin. Pour cette fois je ne te man-
querai pas. (*Il le tue d'un coup d'arquebuse.*)
Tout-à-coup on voit des torrens d'eau arriver en bouillonnant
par la droite, couvrir insensiblement tout le marais, et ne
s'arrêter qu'aux murs de la ville. Les assiégeans n'at-
taquent plus avec la même vigueur. Ils regardent en ar-
rière, mais l'eau qui monte à chaque minute ne leur permet
pas la retraite. Ils grimpent sur les échelles qui étant trop
chargées se rompent et s'enfoncent. Quelques uns se sus-
pendent aux murailles d'où les assiégés les précipitent
dans le marais. L'eau croît toujours jusqu'à cacher entière-
ment les roseaux et à ne présenter plus qu'un vaste étang
depuis le deuxième plan jusqu'au fond. Tous les Bourgui-
gnons périssent. Ceux qui voulaient se sauver à la nage
sont noyés.

Charles le Téméraire   12

SCENE XIV.

THIERRY, Habitans de Nancy, **LÉONTINE**.

Léontine rentre. Elle est témoin de la joie des assiégés qui la remercient de loin, et se sont mis à genoux pour rendre grâce au ciel de leur délivrance. Léontine les imite.

Reçois, ô mon Dieu, mes actions de grâce et celles de tout un peuple que tu rends à la vie. Mais ce n'est pas tout, ô mon Dieu! tu mets le comble à tes bienfaits en offrant à ma vengeance ce Prince sanguinaire. Ah! permets que j'en fasse un sacrifice aux mânes de ses victimes!

SCÈNE XV.

LÉONTINE, CHARLES, Habitans de Nancy.

CHARLES.

O funeste revers ! mon armée battue sur tous le points, fuit en désordre... la déroute est complette... Réné triomphe, et moi...

LÉONTINE.

Je t'attendais, Charles.

CHARLES.

Que me veux-tu?

LÉONTINE.

Te combattre.

CHARLES.

Misérable adversaire !

LÉONTINE.

Défends-toi, Charles, car je ne te ménagerai pas.

CHARLES.

Puisque tu veux absolument périr de la main du Duc de Bourgogne, je vais satisfaire ton ambition.

Il s'engage un combat à l'épée, mais extrèmement vif entre Charles et Léontine. Charles blessé d'un coup mortel tombe au pied de l'arbre fatal.

CHARLES.

Je meurs.

LÉONTINE, *levant la visière de son casque.*

Auparavant reconnais Léontine. J'ai vengé mon époux.

~~~~~~~~~~~~~~~~~~~~~~~~~~~~~~~~~~~~~~

SCENE XVI ET DERNIÈRE.

THIERRY, LÉONTINE, GÉRARD DAVILLER, PHILIPPE DE COMMINES, Soldats Lorrains, Habitans de Nancy.

(Les remparts sont couverts d'habitans qui expriment de loin la plus vive allégresse ; l'air retentit de leurs acclamations.

GÉRARD DAVILLER.

Viens, ma fille, viens unir ta voix à celle de tout un peuple enivré. Notre bien aimé souverain entre en ce moment dans sa capitale.

PHILIPPE DE COMMINES.

Et il désire vous témoigner son admiration pour des services qui sont au-dessus de tout éloge, comme de toute récompense. Venez, madame, venez jouir d'un tableau délicieux. Impatient de recevoir cet excellent Prince, l'ami, le père de son peuple, on se précipite en foule sur son passage; tous voudraient embrasser ses genoux; l'un ose saisir sa main, qu'il baigne de larmes bien douces; l'autre s'estime heureux d'avoir pu toucher l'extrémité de son vêtement ; toutes les mères le désignent à leurs fils comme le conservateur de leur existence : l'air retentit

des plus touchantes bénédictions. Sans se connaître, on s'arrête, on s'embrasse, et l'on se dit avec toute l'effusion du bonheur : « Grâce au ciel ! tous nos maux sont finis, notre
» père est de retour, il est parmi nous, il ne nous quittera
» plus ; il répandra sur nous tous les biens dont la divinité
» n'a établi les rois dépositaires que pour en être les heureux
» dispensateurs. Puisse son règne être immortel comme notre
» amour pour lui !...» En un mot, la présence de Dieu lui-même, apparaissant au milieu des hommes, ne produirait pas plus d'admiration et d'enthousiasme.

LÉONTINE.

Ah ! je cours me jetter à ses pieds !...

PHILIPPE DE COMMINES, douloureusement en voyant le corps de Charles.

Voilà donc ma prédiction accomplie !

GÉRARD D'AVILLER.

Que reste-t-il maintenant de cette puissance formidable ?

PHILIPPE DE COMMINES.

Rien, parce qu'il n'a pas su se faire aimer. Un insensé revêtu d'un pouvoir sans bornes est le plus redoutable fléau des nations.

Roulement. La toile tombe.

FIN.

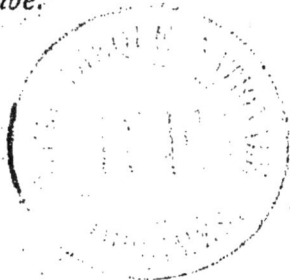

www.ingramcontent.com/pod-product-compliance
Lightning Source LLC
Chambersburg PA
CBHW070128100426
42744CB00009B/1764